Satz, Layout, Entwurf, Fotografie
fotografie-fischer velbert
Druck
Passavia Passau
ISBN 3-9808672-2-6

Herbst 2002

Lauschet dem Worte

es klopft an die Pforte

WILLI FINKENRATH

Im Worte

Wir, die wir reinen Herzens sind
Und aus dem Wort, dem Einen,
Uns, Dich erschaffend in Dich senkten,
Verzaubert sind wir noch in alledem,
Was Du geworden bist als Mensch
Aus uns'rer Weltenschöpferkraft
Im Worte

Und voller Sehnen schauen wir auf Dich,
Dass Deine Liebe uns erkennen möge,
Dass Deine Geisteskraft
Nach uns'rem Wirken frage,
Dass unser Wille tief in Deinem Herzen lebe.
Damit in Dir wir aufersteh'n durch Dich,
Und Du durch uns wirst Weltenschöpfer
Im Worte

Wir sind die Laute
Alt und Jung,
Des göttlichen Wortes Begeisterung.
Wir tönen in dunkle Erdenwelt
Und klingen ins lichte Himmelszelt,
All uns're Taten haben den Sinn,
Dass Menschen in sich erkennen
- Ich bin -

4
Vorwort

6
Sprachbildung

11
Die Vokale

20
Vokalrätsel

34
Die Konsonanten

52
Konsonantenrätsel

61
Konsonantische Lautverbindungen
am Wortanfang

81
Rätsel

93
Konsonantenverbindungen
in der Wortmitte und am Wortende

116
Rätsel

122
Konsonantische Lautverdoppelungen

132
Rätsel

137
Die Unschuld des Wortes

Vorwort

Das vorliegende Buch führt die im Jahre 1996 und 1997 erschienenen Schriften „Wir sind die Laute" und „Sprachplastik" fort. Mit ihm soll auf die Bedeutung eines wortgemäßen Hörens hingewiesen werden, ohne das wir das gesprochene Wort im ihm eigenen Sinne nicht verstehen. Dabei geht es dem Verfasser um die Lautgestalt der Worte der deutschen Sprache, dem Hochdeutschen, in dem die Worte sich in einer besonderen Art und Weise bilden, die später dargestellt werden soll. Nicht geht es dem Verfasser um das, was sich durch die Sprache von der Individualität und Wesensart des Sprechers unausgesprochen offenbart und durch dessen Worte hindurchleuchtet, dasjenige, was sich dem Gedanken-Sinn und dem Ich-Sinn hinter dem Wortleib vom sprechenden Menschen offenbart, sondern um das Erleben des Lautsinnes an der Lautbildebewegung der in dieser Zeit gesprochenen Sprache.

Das Durchhören des Wortes auf das, was der Sprecher an geistiger Klarheit, an liebevoller Empfindung und an warmen Willensimpulsen in sich trägt, wird heute bereits in seinen Keimen Erfahrung und wird in Zukunft zu einer höheren Fähigkeit des Menschen werden. Gerade jedoch diese Fähigkeit wird sich dann erst recht entfalten können, wenn die Sprache, und gerade die Alltagssprache wieder in ihrer Geistigkeit erlebt wird. Die Sprache ist kein menschliches Produkt. Sie ist es ebenso wenig wie die mineralische, die pflanzliche, die tierische Welt und der Mensch selber. Sie alle sind von ihren Schöpfern gedacht worden. In ihnen leben die Gedankenbilder und die bildenden Gedanken der göttlichen Welt. Es ist eine gewordene Welt, aber sie will in ihrer Geistigkeit erkannt werden, erst dann werden die Gedanken, die sie gebildet haben frei und können sich verwandelt dem Menschen für dessen Schöpferkraft zur Verfügung stellen.

Von bedeutenden Autoren unserer Zeit wird auf die Entleerung der Sprache hingewiesen. Das ist einerseits berechtigt, wenn es bedeuten soll, dass die menschliche Seele an der Sprache kein Erleben mehr hat. Die Bereitschaft des sprechendenden Menschen, die Sprache mit seinen Sinnen und Erkenntniskräften zu ergreifen, nimmt erschreckend ab. Die sogenannte Sprachleere jedoch ist zu einem großen Teil eine Sinnes- und Erkenntnisleere des Menschen.

Zumindest das Hochdeutsche aber auch die angloamerikanischen Sprachen und sogar das Lateinische zeigen Lautbildungen, die erkennen lassen, wie geistreich und lautsinnlich Sprache sich gebildet hat. Jedes Wort ist unmittelbar Gedanke, und der Mensch lernt an der Sprache Denken, denn jeder Laut, jede Lautfolge eines Wortes zeigt lautsinnlich eine Bildebewegung, die auch Gedanke ist. Das, was uns von den Schöpfern der Sprache geschenkt wurde, darf nicht übersprungen werden, wenn wir nicht gedanklich verarmen wollen. So wie der göttliche Gedanke, der auch Wort war, einmal sich in das Menschen-Wort gegossen hat und den Menschen sowohl leiblich als auch in seinen organgetragenen Anlagen zum Geistwesen gebildet hat, so kann der heutige Mensch die Bildekräfte der Gedanken aus der Sprache empfangen. Im Erkennen der Sprache liegt die Möglichkeit durch die Sprachkunst, durch die Eurythmie, durch die Chirophonetik und selbstverständlich in jeder wachen Gestaltung der Sprache, Sprachleere zu Sprachfülle werden zu lassen.

Wollen wir Worte lautsinnlich verstehen, müssen wir zunächst das loslassen, was wir landläufig begrifflich unter ihnen verstehen. Wir müssen die Lautlandschaften der Sprache mit unserem Lautsinn durchwandern und ihren Lautwillen erlauschen. Wir betreten das alchemistische Labor, die Werkstatt der Sprache, wo auch heute noch der Sprachgeist in der deutschen Sprache überaus lebendig pulsiert. Im Mitschwingen mit den Lauten erlebt der Lautsinn ihre Bildkraft, Licht und Verdunkelung, Bewegung und Beruhigung, Lösung und Verdichtung. Hier schließt sich der Lautsinn unmittelbar an den Gedankensinn an. Er fühlt, ob der Lautleib des Wortes ihm etwas in seiner Einzigartigkeit über den Begriff des Wortes verrät.

So ist jeder Laut bereits die Aufforderung des Wortes, es in dieser Weise zu verstehen. Jeder F-Laut will das Freie, Fliegende, Flüchtige beim Sprecher zum Erleben bringen, jeder O-Laut die Form, die sowohl voll als auch hohl sein kann. Jede nd-Endung nähert sich dem Widerstand der Wand, brandet an Land und versandet am Strand, jeder St-Beginn stellt sich wie der Stachel steil auf und sticht und streckt wie der Stamm seine Äste stolz in den Sturm. So ist der Sturm lautlich durch das Steigen und Stürzen bestimmt, der Wind durch das an die Wand Drücken der nd-Endung. Diese Art in den Worten und ihren Lautbeständen Gedanken zu finden, mag einem unbedeutend erscheinen. Aber gerade damit entsteht die Leere. Den Sprachschöpfern war dies von Bedeutung, weil sie sich in die empfindende lauschende Menschenseele senken konnten und zum Bilde wurden.

Sprachbildung

Wollen wir Sprache lautsinnlich erkennen, müssen wir ihre Lautgestalten in uns zum Erlebnis bringen. Dabei kommen wir in die Spannung von Begriff, Vorstellung und Lautbestand, die ursprünglich eng verbunden waren. Mit der Entwicklung des menschlichen Intellektes trennten sich Begriff und Lautempfindung. Die Lautempfindung verdunkelte sich, die Begriffe erhellten sich im Gedanken. Dabei löste sich der Gedanke jedoch soweit, dass er sich von dem zur Sprache gewordenen göttlichen Gedanken vollständig emanzipierte und Begriffe bildete, deren Vorstellung andere waren, als der Lautbestand des Wortes erlaubte. Darauf soll am Ende des Buches noch einmal eingegangen werden. Eine zeitgemäße Begriffsbildung, die in vielfältiger Art individuell zur Vorstellung werden kann, muss jedoch nach wie vor sprachgedanklich gestützt sein, da sie sonst die Laute und das Wort missachtet.

Jedes Wort der deutschen Sprache schwingt in Vokalen und Konsonanten. Die Vokale verleihen ihm Innerlichkeit und Klang, die Konsonanten geben ihm Plastizität und Äußerlichkeit. Das erschließt nun die Möglichkeiten sich dem Wortausdruck zu nähern. So tönt z.B. das Wort Gott zwischen den Lauten G und T. Es hat diese Gemeinsamkeit mit den Worten der deutschen Sprache Gut, Glut, Geist u.s.w.. Es unterscheidet sich jedoch von anderen Worten, die auch für ein Gotteswesen gebraucht werden wie Vater, Herr, Christus, Heiland und denen anderer Kulturen wie Allah, Shiva und Buddha.

Das G wird guttural am hinteren Teil des Gaumens gebildet. Es schiebt sich weich heraus, es *ge - (h) t* gewissermaßen. Im G und in der Vorsilbe - ge - tönt immer etwas von einem Geborenwerden. Das G ist der Laut der Geburt, der gebärenden Urmutter Gäa.
Das T zerstiebt an dem Übergang des vorderen Gaumens zu den Zähnen des Oberkiefers. Es richtet sich auf und trägt ins Licht. Das T ist der Laut des Todes, der Vergeistigung und der Titanen, der Göttersöhne. Das O, das vokalisch zwischen dem G und dem T tönt, ist das O des Sonnengoldes und des Wortes. Es ist gegenüber dem O des Sohnes und des Todes offen. So schwingt das Wort - Gott - offen aber geformt zwischen Geburt und Tod.

In der Umkehrung der beiden Laute zum T - G ertönt der Tag, die Tugend, das Taugen und der Teig. Der Tag führt uns aus der geistigen Welt wieder auf den Grund der Erde, die Tugend und das Taugen aus der Begeisterung in das Gehen und Greifen. Wie anders erschließt sich dem Lautsinn der Vater, im Sinne des - Vater Unser -. Wo sich das G aus dem Gottesgrund herausgräbt, fliegt das V frei wie der Vogel über Flure und Felder, um dann im T wie - Gott - aufzusteigen. Eine Lautverwandtschaft zu der Lautbeziehung G - T liegt im Wort - Christus -, wo an die Stelle des weichen G am Wortanfang das harte CH(K) tritt und wiederum zum T führt. So lässt sich jedes Wort zunächst auf zwei Konsonaten und den worttragenden Vokal anschauen. Ball, Bellen, das Beil, das Bild und der Bulle schwingen zwischen dem B und dem L. Aus dem bergenden B läuft das L unterschiedlich vokalisch gestimmt hinaus. Schwingt das Wort zwischen L und B läuft das L leicht und lebendig in die Burg des B, es wird einverleibt. Es bilden sich die Worte laben, Laube, Leib, Leben, Liebe und Lob.

Hat man den ersten Schritt getan kann man jetzt auch schwierigere Lautfolgen des Wortes lautsinnlich erleben. In dem Wort Blut schließt sich z. B. dem B das L an, das B wird durch das L gefärbt. Das Wort hat sich damit über den Bereich des einfachen B hinaus (Baum, Busch) in die differenziertere konsonantische Sprachrichtung des BL begeben, wie es in Blatt und Blüte auftritt. Der Lautsinn vermittelt uns mit dem Wesen des **BL** das unmittelbare **L**ösen aus dem **b**ergenden **B**au des **B**. Noch mehr begeben sich die Laute auf das sie gestaltende Wort zu, wenn sich an das BL der Vokal U anschließt (Blut, Blume). Das **U** führt im Blut hinunter auf den Grund und lässt es zum eigenen G**ut** werden, das **t** wiederum trägt das Blut empor, zerstäubt und vergeistigt es. So unterscheidet sich das Wort mit jeder neuen Lautverbindung mehr von jedem anderen Wort, bis es sich individualisiert hat und außer ihm kein anderes Wort mehr so heißt. Das Wort hat den Lauten seinen Lautwillen eingeprägt, das Wort hat sich inkarniert.

An diesen und den im Buche folgenden Beispielen mag deutlich werden, wie eine Begriffsbildung, die die Lautgebärde des Wortes außer Acht lässt, dem Wort seine Bildekraft entzieht. Es nimmt ihm die Fähigkeit in der menschlichen Seele in seiner nur ihm eigenen Lautgestalt zum Bilde zu werden.

Der Begriff, in den die Gedanken seiner „Denker" hineingeflossen sind, leuchtet im Erleben einer oder mehrerer Lautklänge eines Volkes lautlich zwar markant und durchaus auch reich, jedoch nur partiell auf. In der Sprache der Nation sucht er sich die für seine Absicht wesentlichsten Laute aus, an denen der Mensch dieses Sprachraumes imaginativ zu einer individuellen Vorstellung an ihm, dem Begriff kommen soll. Erst im Zusammenklang der Wortleiber vieler Volkseelen nähert er sich seiner Größe und Bedeutungsvielfalt an, ohne sie doch im vollen Umfang des Gedanken erreichen zu können.

So erlebt der Mensch des deutschen Sprachraumes den - Baum - als hineingestellt in die Lautfolge des B - M. Er erlebt im B das Geborgene, die Stimme, den Strom, das Summen im M. Das AU gibt dem B und dem M den Seelenraum, die Behausung, das L**au**b um den sie sich plastisch legen können. Der Doppellaut (Diphtong) AU ist der L**au**t der D**au**er im R**au**m, das EI bezeichnet die R**ei**se durch die Z**ei**t. Der Englischsprechende erlebt in seinem Wort für den Begriff, den der deutsche Mensch in das Wort Baum gießt, - **tree** - keineswegs die bergende, strömende Behausung der Lautfolge Baum sondern das, was wir lautlich als den frischen **Tri**eb erleben, den der Baum im Frühling hinausschickt. Das **TR** tr**ä**gt und tr**ei**bt, das **I** richtet auf. Das Französische - arbre - und das italienische - arvoli - geben eine andere Lautimagination, an der der Mensch dieses Sprachkreises zu einem anschaulichen Lauterleben kommen kann. Das ist besonders beim Kinde von Bedeutung, das an der Lautgestalt des Wortes Gott im Sinne der vorausgegangen Lautbetrachtung durchaus zu einem träumenden Lauterleben in seiner Seele kommt.

Es muss jedoch durchaus nicht das Wort - Gott - sein. Die Sprache kennt keine Hierarchien. Neben den „Göttern" stehen mit Selbstverständlichkeit die Handwerker, der Fleischer und der Tischler. Jedes Wort dient in hingebungsvoller Demut und Geduld dem Begriff bzw. dem Wesenhaften, das hinter dem Begriff steht, und das wie bei dem Fleischer und dem Metzger, dem Schreiner und dem Tischler viele Anschauungsfacetten in sich vereint. Hören wir das Fließende, weiche, heischende des Fleisches und des Fleischers und stellen das fetzige, verletzende Metzelnde des Metzgers daneben, so erkennen wir zur Sprache gewordene Bilder zweier Tätigkeiten eines Berufes, die dem hörenden Menschen zu einem wahren Lautgaumenschmaus werden können.

So verzichtet der Verfasser bewusst auf die begriffliche Beschreibung von Vokalen und Konsonanten, die selbstverständlich ihre Berechtigung haben, unter dem Thema dieses Buches jedoch aus der Lautempfindung herausführen. Begrifflich versteht der heutige Mensch, dass das A eine Öffnung bildet, dass das B einhüllt und dicke Mauern errichtet, lautlich lässt sich das A nicht mit dem Ö erklären und das B nicht mit Mauern. Wenn ich jedoch das A aus dem Samen herauswachsen lasse zu einem Gras, einem Halm, das ein Blatt hat, der zu einem Stamm mit einen Ast wird, der wiederum Gabeln bildet, so schaffe ich eine Lautempfindung, die dem A Arme gibt, die mit ganzer Kraft und Hingabe an das All handeln. In diesem Sinne dienen auch die Gedichte und Sprüche dieses Buches immer wieder dem Lautempfinden an einem bestimmten Laut oder einer Lautfolge und erheben keinen Anspruch auf einen besonderen Inhalt, obgleich dieser sich interessanterweise an den Lauten häufig ergibt.

Wir sind die stolzen,
die frohen Vokale,
wir sind der Seele
geschmückte Pokale.
Wir singen und klingen
aus voller Brust,
voll Licht, voller Dunkel,
voll Leid und Lust,
und aus Mensch und Tier,
über Berg und Tal
ertönt unser Donner,
sieben Mal

A

Ich bin das A, ich bin die Kraft,
die Tag für Tag den Anfang schafft.
Ich walte am Morgen, am Abend, bei Nacht,
dass des Vaters Atem in allem erwacht.
In meinen Armen, auf meiner Hand,
trag' ich der Gottheit All-glänzend' Gewand

Ich bin das A, in meinen Saal
da lad' ich Dich zum Abendmahl,
um an dem Lamm mit seinen Gaben
an meiner Tafel teilzuhaben,
durch seine Gnade Dich zu wandeln,
in freier Wahl und eig'nem Handeln

Ich bin das A, ich fange an
als Samenkorn und wachse dann
zu einem Halm, zu einem Blatt,
zu einem Ast, der Gabeln hat,
und lass' vom Stamm den Apfel fallen
und mache Apfelsaft von allen

E

Ich bin das E, ich komme zur Erde,
dass Menschen erkennende Wesen werden,
dass auf des Denkens hellen Wegen
die Welt erstehe in Gottes Segen
und Menschenseelen im Streben und Sterben
sich mögen das ewige Leben erwerben

Ich bin das E, der kecke Flegel,
kenn' kein Gesetz, kenn' keine Regel,
ich stehle alles was ich seh',
und jeder fleht : o weh o weh,
was soll herrjemine auf Erden
aus diesem frechen Bengel werden

Ich bin das E, ich bin die See,
bin Welle, wo ich geh' und weh'.
Ich hebe mich, ich senke mich,
ich gebe und verschenke mich
und rege mich und bebe
und dehne mich und lebe

I

Ich bin das I, ich bin das Licht,
in dem des Himmels Liebe spricht.
Ich bringe dem Menschen das Christuskind,
dass er es in sich, im Inneren find',
und in irdischer Tiefe, in friedlicher Stille
sich bilde und richte der freie Wille

Ich bin das I, auf Schritt und Tritt
geh' ich, Dein Diener, mit Dir mit,
hab' Dich im Blick, bin Deine Mitte,
nur Dir gilt das, wofür ich bitte
und habe nur ein Ziel im Sinn,
dass ich für immer in Dir bin

Ich bin das I, der Wirbelwind,
ich spiele da wo Kinder sind,
ich flitze wie das flinke Wiesel
und schimm're wie der lichte Kiesel,
und was ich richte hat ein Ziel,
und was ich dichte, das hat Stil

O

Ich bin das O, auf meinem Thron,
da wohnt ein stolzer Königssohn,
der kommt von Morgenland gezogen
mit Sonne, Mond und Regenbogen
und opfert einem Kindlein hold,
sein volles Herz und rotes Gold

Ich bin das O, der volle Ton,
ich bin die Tochter und der Sohn,
ich bin der Morgen und der Tod,
ich bin die Hoffnung und die Not,
ich bin Dir wohl und oft voll Groll
und doch nur eines : groß und voll !

Ich bin das O, ich bin ganz hohl
und fühle mich dabei noch wohl.
Ich gucke hinter'm Schornstein vor
und mach' das Loch im Ofenrohr
und kann's auch wieder stopfen,
mit Koks und Kohlenpfropfen

U

Ich bin das U, auf meinem Grund,
da ruht ein Brunnen, voll und rund.
Für die Zukunft gebaut aus der Urzeit Glut
sprudelt Mut und Gesundheit aus seiner Flut.
Wer einen Schluck aus dem Brunnen tut,
wird zum Sucher des Guten, mit Herz und Blut

Ich bin das U, die bunte Kuh,
ich rupfe Gras und rufe - Muuuh !
Aus Luft und einem Fuder Futter
schenk' ich Dir Wurst und gute Butter
und ruhe gern rund um die Uhr,
d'rum bin ich auch mal stur zum Bur

Ich bin das U, Uromas Uhr,
ich bin den ganzen Tag auf Tour,
zähl' die Minuten, zähl' die Stunden
und kurz und bündig die Sekunden,
und einmal stündlich ruf' ich klug
mit meinem runden Mund - Kuckuck - !

AU

Ich bin das AU, die graue Mauer,
was ich erbaue, das hat Dauer,
aus Tau und Schaum bin ich geboren
und habe mich im Raum verloren,
nur wenn im Wald die Bäume rauschen
kannst Du noch meinem Traume lauschen

Ich bin das AU, der Graupelschauer,
vor mir da graust es jedem Bauer,
d'rum hebt er Haupt und Augenbrauen,
weil er mich glaubt vorauszuschauen,
eh' meine braunen Wolkenhaufen
ihm über Haus und Mauern laufen

Doch wenn ich erst mal schaurig brause
und über seine Klause sause,
mich über ihm zusammenbraue
und ihm ein blaues Auge haue,
dann merkt er, so ein Graupelschauer
ist schlauer als der klügste Bauer

EI

Ich bin das EI, mein reiner Schein
leitet die kleinen Kinderlein,
wenn sie aus Sternenlichtesweiten
leise zur Erdenweihe schreiten
und aus des Mondes weichem Schleier
bereiten ihr Kleid zur heiligen Feier

Ich bin das EI, ich leite Dich,
bin bei Dir und begleite Dich
bei Deiner Reise durch die Zeit.
Ich bleibe bei Dir und ich eile,
ich schreite weiter und verweile,
verleihe Dir die Ewigkeit

Ich bin das EI, ich bin wie Eis
und bin zur gleichen Zeit auch heiß,
ich bin ganz leise und ich schreie,
ich lass mich scheiden und ich freie,
und sogar die Dreieinigkeit
scheint mir nur eine Kleinigkeit

Ä

Ich bin das Ä, und etwas träge,
mach's gern gemächlich, wenn ich säge,
ich schätze erst, was ich erwähle
und wäge ab, was ich erzähle,
und ganz allmählich merke ich,
was länger währt, ... meist klärt es sich

Ö

Ich bin das Ö, die schöne Kröte,
ich höre Deine Zauberflöte,
die mich aus meinem öden Dösen
mit frohen Tönen soll erlösen,
doch sei nicht bös' und tröste Dich,
ein Königssohn bin ich noch nicht

Ü

Ich bin das Ü, ich bring' Dir Glück,
doch ganz gemütlich, Stück für Stück,
ich schlüpf' mit Dir durch jede Lücke,
hüpf' mit Dir über jede Brücke
und führe Dich durch meine Türe,
wenn ich nur Dein Bemühen spüre

EU

Ich bin das EU, die scheue Eule,
ich freue mich auch wenn ich heule.
Mein Äuglein leuchtet nachts wie Feuer,
wenn ich in Heu und Scheuer leuer',
und alles was da kreucht und fleucht,
das hab' ich schleunigst aufgescheucht

Wir haben uns
vor Euch versteckt,
damit Ihr uns
auf's Neu' entdeckt
und uns Vokale recht erkennt
und uns bewusst
beim Namen nennt,
denn jeder von uns
will Euch sagen
- Wir sind es,
die die Sprache tragen -

Ich bin das ●, der Don●ud●mpfer,
der ●lte K●hn und W●sserst●mpfer,
ich komme, nicht g●nz jung ●n J●hren
noch wie H●ns D●mpf d●hergef●hren,
doch h●t der Kr●n zu st●rk bel●den
h●b' ich ●m ●bend l●hme W●den

Ich bin das ●, di● W●tt●rh●x● ,
ich mach● f●tt● R●g●nkl●cks● ,
dr●h' mich im N●b●l und im Schn●● ,
w●h' üb●r ●rd●, M●●r und S●●
und f●g● ohn● F●d●rl●s●n
di● W●lt mit m●in●m H●x●nb●s●n

Ich bin das ●, das W●ckelk●nd,
sp●nnst Du gesch●ckt, sp●nnst Du geschw●nd
m●t s●ch'ren F●ngern auf der Sp●ndel
m●t L●ebe ●●ne fr●sche W●ndel,
dann st●cke ●ch für D●ch und fl●cke
und b●nde für D●ch d●cke Str●cke

Ich bin das ● , der S●mmerm●rgen,
im ●sten bin ich n●ch verb●rgen,
bis h●ch in jedes W●lkenschl●ss,
die S●nne k●mmt auf g●ld'nem R●ss
und h●ffnungsv●ll an jedem ●rt
sich ●ffenbaret G●ttes W●rt

Ich bin das ● , komm' ich in W●t,
r●f ' ich Dir z● , sei auf der H●t,
denn f●nkt erst Gl●t in meinem Bl●t,
werd' ich im N● z●m T● nichg●t,
und haue, kommt mir einer d●mm,
ihm r●ckz●ckschn●ck den B●ckel kr●mm

Ich bin das ●● , der schl●●e F●●n,
ich sch●●e über Deinen Z●●n
und komme schon vor'm Morgengr●●en,
die Pfl●●men Dir vom B●●m zu kl●●en,
doch sitzt Du l●●ernd in der L●●be,
mach' ich mich schn●●bend ●●s dem St●●be

22

Ich bin das ●● , der w●●se G●●er,
ich r●●se gern zu ●●ner F●●er.
Ich ziehe h●●mlich m●●ne Kr●●se,
schl●●ch' mich f●●n l●●se an die Sp●●se
und gr●●fe mit Besch●●denh●●t
selbst nach der kl●●nsten Kl●●nigk●●t

Ich bin das ● , die alte M●hre,
ich merke t●glich, ich verj●hre.
Wo früher gl●nzte meine M●hne,
w●chst heut' nur eine z●he Str●hne,
und von den kl●glich wenig ●hren,
kann ich mich l●ngst nicht mehr ern●hren

Ich bin das ● , der freche Sp●tter,
verh●hn' die Sch●pfung und die G●tter
und finde alles Sch●ne bl●de
und H●flichkeiten t●dlich ●de,
den B●sen nur zum Abgew●hnen
und auch die H●lle nur zum St●hnen

Ich bin das •, der r•de Kn•ttel,
ich h•pfe gern auf m•de B•ttel.
Ich r•ttle sie und sch•ttle sie,
hau' mit der Kr•cke sie vors Knie
und kr•mme w•tend ihren R•cken,
dass sie sich doch ein St•ckchen b•cken

Ich bin das ••, ich bin nicht t••er,
dieweil ein tr••er Wiederkäuer,
und weil ich auch kein H•• verg••de,
bin ich vom Bäuerlein die Fr••de.
Und meine K••le ist nicht t••ro *
als n••nundn••nzig d••tsche ••ro

* europäisch: teurer

Ich bin das •, die schw•rze G•ns,
ich w•ckle gern' mit meinem Schw•nz
durch's W•sser und im w•rmen S•nd
und b•de mir mein S•mtgew•nd,
und wenn ich w•s erg•ttere,
d•nn fl•tt're ich und schn•ttere

Ich bin das ●, mit m●in●m S●g●n
da l●rnst Du Dich r●cht zu b●w●g●n,
l●rnst s●h●n, spr●ch●n und zu st●h●n,
Dich zu ●rh●b●n und zu g●h●n,
zu d●nk●n, s●lbst Dich zu ●rk●nn●n,
wi● ●in● K●rz● h●ll zu br●nn●n

Ich bin das ●●, für ●ne W●●le
bl●●b ich dah●●m, - bis ich ent●●le
und ●●ns, zw●●, dr●●, ganz still und l●●se
durch w●●te Z●●tenkr●●se r●●se

Doch ob ich schl●●che oder gl●●●te,
verw●●le oder ●●frig schr●●te,
ist mir ganz gl●●ch und ●●nerl●●,
bl●●b ich nur w●●ch und h●●l dab●●

Ich bin das ●, der H●mmelsst●er,
●ch b●n des W●nterh●mmels Z●er,
wenn d●e Gest●rne nächtlich fl●mmern,
s●ehst Du am F●rmament m●ch sch●mmern
und b●n als St●er vom V●erget●er
e●n w●rkl●ch fr●edl●ebender St●er

Ich bin das ● , der J●mmerl●ppen,
bei mir will g●nz und g●r nichts kl●ppen,
h●b' keine Kr●ft und bin so schw●ch,
und selbst mein Kl●gen hilft nichts, ●ch,
doch pl●g' ich mich sol●ng ich k●nn,
ich bin ein ●rmer, schl●pper M●nn

Ich bin das ●● , die bl●●e Tr●be,
nach mir sch●●t jede gr●●e T●●be.
Sie k●●ern vor dem T●●benh●●s
und sch●●en l●●ernd nach mir ●●s,
weil sie mich gern mit r●●hen Kl●●en,
vom B●●me kl●●ben und verd●●en.
Darum tr●●' nie, Du schl●●e Tr●●be
den bl●●en ●●gen einer T●●be

Ich bin das ● , der d●fte Br●mmer,
an meiner Br●st verst●mmt Dein K●mmer,
hast D● mal L●st a●f einen K●ss,
ich schm●s' mit Dir mit Hochgen●ss
und s●mme Dich in süßen Schl●mmer,
wie eine H●mmel ihren H●mmer (hu ?)

Ich bin das ●● , der fl●●e P●●l,
fast jeder gl●●bt, ich wäre f●●l,
mach' gern mal bl●● und bleib' zu H●●se,
sitz' auf der Couch und s●●fe Br●●se
und nehm' die P●●sen ganz gen●● ,
ich bin nicht f●●l, ich bin nur schl●●

Ich bin das ● , mein w●rmes Sch●llen
w●llt durch W●lh●ll●s l●nge H●llen
und t●nzt mit F●rbe und mit Kl●ng,
mit ●nd●cht, L●chen und Ges●ng
hinein in jeden ●rmen St●ll,
hin●us ins g●nze Welten●ll

Ich bin das ● , der w●lde R●ese,
●ch l●ege m●tten ●n der W●ese
und bl●cke m●t gel●nder G●er
auf e●nen r●cht●g d●cken St●er,
und f●nde, wenn er m●ch nur l●eße,
hätt' ●ch ●hn gern gesp●ckt am Sp●eße

27

Ich bin das o, Dein Romeo,
mein Herz das lodert lichterloh,
den Korb randvoll mit roten Rosen,
erhofft' ich oft, Dich zu liebkosen
und hockte doch mit roten Ohren
bis morgens vor geschloss'nen Toren

Ich bin das e, der ernste Lehrer,
der hehre Mensch und Weltbekehrer,
mit edlem Herzen, stetem Streben,
pfleg' ich der Schüler Seelenleben,
doch wird der Flegel und der Bengel
auch selbst durch mich
nicht gleich zum Engel

Ich bin das ö, der blöde Schnösel,
wenn ich nicht döse, kau' ich Knösel,
ich find' es schön mal rumzutrödeln,
so fröhlich klönen und zu blödeln,
und stöhne nur, wenn schnöde Gören,
sich töricht über mich empören

Ich bin das e, die gelbe Rebe,
ich steh' am Berg, solang ich lebe,
und Du erkennst mein edles Wesen
erst spät im Herbst beim Beerenlesen,
wo ich gekeltert und gepresst
das Beste bin bei jedem Fest

Ich bin das e, im Karneval
da lad' ich ein zum Maskenball
und packe jeden an den Kragen,
doch einmal einen Spaß zu wagen,
sich einen Tag lang zu verwandeln
und wie ein wahrer Narr zu handeln

Und das, was Rang und Namen hat,
die Herrn und Damen dieser Stadt,
lass' ich zur Fasnacht Masken machen
und über ihre Masken lachen,
denn nur der Narr wird ganz gewahr,
was wahr ist und was Maske war

Ich bin das ● , in meinem G●rten,
d● w●chsen Pfl●nzen ●ller ●rten,
B●n●ne, ●pfel, ●n●n●s,
●m St●mm, ●m ●st, ●m H●lm, im Gr●s,
doch w●s zuerst von ●llem w●r
- ein S●me, z●rt und wunderb●r -

Ich bin das ● , m●t s●ch'rem S●nn,
we●ß ●ch, dass ●ch vom H●mmel b●n,
we●l m●ch des K●ndes St●mme r●ef
- komm n●eder auf d●e Erde t●ef -
w●llst Du n●cht auf des L●chtes Schw●ngen
d●e L●ebe zu den Menschen br●ngen ?

Ich bin das ● , der R●ck'n R●ll,
●g●tt ●g●tt, datt war d●ch t●ll,
wie s●gar ●pa hinter'm ●fen
w●llt' einmal n●ch mit ●ma schw●●fen,
und mit P●made inne L●cken
k●nnt' er sie fl●tt v●m S●fa l●cken

In bin das •• , der Räuber Kl••s,
der R••fbold und der S••sebr••s,
ich habe eine S•• gekl••t
und k••e sie mit S••erkr••t,
und nach verd••tem G••menschm••s,
da gehe ich ••f Br••tsch•• ••s

Ich bin das • , die g•te •te,
t•' mir gern Ro•ge a•f Br•st •nd Schn•te,
bet•pfe mich •nd l•pfe mich
•nd r•pfe •nd bez•pfe mich
•nd bin in meinem d•ften F•mmel
das coolste L•der a•f'm R•mmel

Ich bin das • , der S•nnent•n,
h•rch, liebes •hr, ich k•mme sch•n
und w•ge n•ch v•r'm M•rgenr•t
von •sten her im g•ld'nem B••t,
und T•n auf T•n t•st an Dein T•r
und wird zu G•ttes gr•ßem Ch•r

Ich bin das ●, ich f●nge ●n,
und T●g für T●g und j●hrel●ng,
sch●ff' ich die ●rbeit ●llem●l
mit meinen ●rmen h●rt wie St●hl,
und t●pfer p●ck' ich ●lles ●n
und h●be ●uch noch Sp●ß d●r●n

Ich bin das ●, ich mach' Dir M●t,
in meiner H●t, wie g●t das t●t !
A●s meinen F●nken, meinem Z●nder
●nd meiner Gl●t geschehen W●nder,
●nd hast D● einen W●nsch noch frei
so r●f'mich h●rtig n●r herbei

Ich bin das ●●, der G●●st im Schl●●er,
ich spiel auf jeder F●●er L●●er,
ich n●●g' zu Kr●●sen und zu Zw●●gen
und zu geh●●mnisvollem Schw●●gen
und bin, obgl●●ch ●●n ●●ngew●●hter,
von Z●●t zu Z●●t, in Fr●●h●●t, h●●ter

Ich bin das •• , das ••tle Schw••n,
ich bl••b' auch ohne S••fe f••n,
w••l ich mir L••b und B••ne r••be
und ••frig R••nlichk••ten tr••be

Zum B••spiel in den W••her gl••te
bevor ich auf die W••de schr••te
und mich darinnen l••cht bestr••che,
bis dass ich ••ner W••ßwurst gl••che

Und wenn mich w••ch
mein W••bchen stre••chelt
und mir mit kl••nen ••cheln schm••chelt,
dann m••ne ich, es ist doch f••n
ganz ••nfach mal ••n Schw••n zu s••n

Ich bin das • , mit etwas M•he,
ber•hre ich Dich in der Fr•he,
bring' Dich zum Gr•nen und Erbl•hen
und Deine Bl•ten zum Ergl•hen
und Deiner Fr•chte Wohlger•che
begl•cken, h•bsch gepfl•ckt die K•che

Wir sind die flinken,
geschickten, gewandten
Diener der Seele,
die Konsonanten
Wir weben und wirken
ihr herrlich und weit
ein zwölffach erstrahlendes
Sternenkleid,
und freudig würden wir,
dürften wir wählen,
uns festlich mit den Vokalen
vermählen

B

Ich bin das B, des Prinzen Braut,
ich bilde der Welt und dem Menschen die Haut,
ich berge an meiner beschützenden Brust
das bange Bübchen, bis es mit Lust
sich selber die bleibende Burg hat gebaut
und mit blitzenden Blicken nach draußen schaut

Ich bin das B, der bunte Ball,
wenn Du mich beißt, dann mach' ich - knall !
Mein Bauch, der bläht sich buckelbreit,
um meine Brust, da passt kein Kleid,
und meine blitzeblanken Batzen,
die blas' ich auf bis dass sie platzen

Ich bin das B, mein blaues Band,
das breite ich um Berg und Land,
dort wo der Brunnen brodelnd braut
und sich der Bach sein Bachbett baut
und blase bunte Blütenträume auf Blätter,
Büsche und auf Bäume

P

Ich bin das P, der Prinz der Braut,
der protzig aus seinem Palaste schaut,
gar prächtig komm' ich dahergezogen
auf meinem Pferd mit Pfeil und mit Bogen.
Und presche ich los und geb' ihm die Sporen,
da sprüht ihm das Feuer aus allen Poren

Ich bin das P, die pralle Puppe,
für Pizza ist mir alles Schnuppe,
und bei Pralinen spür' ich's prickeln
in Pocken, Pusteln und in Pickeln,
jedoch die Perle aller Schätzchen
sind Papas süße Pufferplätzchen

Ich bin das P, bin nicht von Pappe,
ich plapp're gern mit großer Klappe.
Ich bin der Boss der Power-Gang,
ich puste alles platt - peng peng -
und habe anstatt Platz-Patronen
in der Pistole blaue Bohnen

D

Ich bin das D, ich dränge und dringe
zur Erde, zum Boden, zum Grunde der Dinge.
Ich dichte Gedanken zum klaren Verstand,
dass das Denken leuchtet wie Diamant
und Menschen in Demut
und dauerndem Ringen,
die Dumpfheit des drohenden
Drachen bezwingen

Ich bin das D, die dralle Dame,
Andrea Dunnerkiel mein Name,
ich geh' mit Dir durch dick und dünn,
weil ich ganz dolle auf Dich bin.
Doch hältst Du mich für doof und dumm,
dreh' ich mich nicht mehr nach Dir um

Ich bin das D, ich denk an Dich,
nur dass Du da bist, zählt für mich,
ich drücke dauernd Dir die Hand,
dass Du ganz ankommst, hier an Land,
und dankbar deute ich auf Dich,
dank Deines Daseins bin auch ich

T

Ich bin das T, ich trag' das Licht,
das strahlend durch das Dunkel bricht.
Ich tobe im Wetter und tanze im Sturm,
stürz' mich in die Tiefen, besteige den Turm,
bin der Blitz im Gedanken,
Thors Hammer im Blut,
die tapfere Tat und der Todesmut

Ich bin das T, der treue Ritter,
in meiner Brust da steckt ein Splitter,
ich fürchte weder Tod noch Teufel
und trotze tapfer jedem Zweifel,
doch seh' ich auch den Schnitter reiten
und mich auf Schritt und Tritt begleiten

Ich bin das T, der flotte Otto
mein Motto ist das Mittwochs-Lotto,
und wenn ich traumhaft Tango tanze
dann tobt der Tanzsaal: Typ, datt kannse !
Und wenn ich dann zum Tanz-Tee bitte,
hat keiner gegen mich 'ne Schnitte

F

Ich bin das F, der Fürst der Luft,
fliege froh wie ein Falter im Frühlingsduft,
ich befreie von Fesseln die furchtsame Welt,
öffne freudig das Fenster zu Flur und zu Feld,
und vermähle das Fühlen mit dem Verstand,
dass mit Fleiß sie befruchten
die schaffende Hand

Ich bin das F, der freie Fink,
ich fliege flugs und fliege flink
mit meinen Flügeln durch die Lüfte,
den Fels hinauf, in finst're Klüfte,
und fang ich einen fetten Floh,
dann freu' ich mich und flatt're froh

Ich bin das F, ein Vogelfreier,
ich überfalle Fest und Feier
und fange mir die fetten Fische
und was ich Feines frisch erwische
und feuere mit scharfen Waffen
auf Finsterlinge und auf Pfaffen

W

Ich bin das W, ich weiß von dem Ort,
wo in der Wärme wogte das Wort,
wo in weisheitsvoll waltender Opferstille,
der Mensch erwachte als feuriger Wille,
dass er werde und wachse, sich liebevoll weite
und würdig durch Weltenäonen schreite

Ich bin das W, woher ich wehe,
wohin ich wandre, wo ich gehe,
das weiß ich wahrlich und auch wann,
ich wirklich bei Dir wohnen kann,
und was ich will und immer war :
Bewegung, weich und wunderbar

Ich bin das W, der weiße Wal,
ich schwimme durch das Wellental,
und wird es Winter, wandern wir,
mit unsern Weibchen weg von hier,
weil wir uns dort am wohlsten fühlen,
wo wir im warmen Wasser wühlen

G

Ich bin das G, auf Gottes Wegen,
da geh' ich Dir gerad' entgegen.
Ich füge das Glück, lass' Gutes geschehen
und lasse Geschlechter gedeih'n und vergehen
und gebe aus meines Geistes Gewalt
der glanzvollen Schöpfung Gesicht und Gestalt

Ich bin das G, der graue Graben,
auf meinem Grunde glühen Gaben,
die musst Du hegen, musst Du pflegen
geduldig an das Herz Dir legen,
bis dass sie grünen und gedeihen
und den Gedanken Güte leihen

Ich bin das G, der Gernegroß,
ich gehe grimmig auf Dich los
und spucke geifernd Gift und Galle,
wenn ich Dir nicht sogleich gefalle,
denn für mein Glück im gold'nen Glanze
da geh' ich gern sogleich auf's Ganze

K

Ich bin das K, das Königskind,
was keiner kann, ich kann's geschwind.
Zuerst nur Kraft in Dunkelheit,
ein keimend' Korn im Erdenkleid,
drück' ich durch Krusten mich und Krumen
und schenke Knospen Kraut und Blumen

Und mach' die Knospen kunstvoll weit
zu königlicher Kostbarkeit,
zu Kerzen, Kränzen und zu Kronen
und Kelchen, darin Kerlchen wohnen,
die ich in kleine Kerne stecke
und kommt das neue Jahr, erwecke

Ich bin das K, des Kaisers Knecht,
ein kluger Kämpfer in Krieg und Gefecht,
doch kann ich auch ein Kobold sein,
hacke was heil ist, kurz und klein
und kann in Kummer und in Schrecken
auch noch ein Stück vom Glück entdecken

L

Ich bin das L, ich durchklinge die Welt
als ihr lichter Verwandler
und strahlender Held.
Mal leb' ich im Dunkel, mal lieb' ich es hell,
bin laut und bin leise, bin langsam und schnell,
und in allem was kommt und war und ist
bin ich des Lebens Alchemist

Ich bin das L, der helle Schall,
ich halle durch das Weltenall.
Ich quelle voll aus deiner Lunge,
lauf' leicht herum um Deine Zunge
und lass mich an der Lippen Schwellen
lebendig in die Lüfte schnellen

Und welle leise durch die Welt
der Lust zum Leben zugesellt,
mag Land und Leute und ihr Lachen
und lass mich nicht verlegen machen
und bin Dein Lotse, der Dich lenkt,
und der Dir Licht und Liebe schenkt

R

Ich bin das R, das rollende Rad,
ich dreh' mich im Reigen auf reizende Art.
Ich renne rastlos auf wirbelnden Schuhen,
bin immer auf Reisen, ohne zu ruhen
und tanze im Reigen Ringelreih'n,
dass in freudige Herzen zieht Rhythmus ein

Ich bin das R, das rote Rübchen,
die Rote Bete ist mein Liebchen,
ich reibe ihre runden Rippen
berühre ihre roten Lippen
und rücke ruhig an sie ran
bis sie sich nicht mehr regen kann

Ich bin das R, des Ritters Ross,
ich reite vorne in dem Tross
und renne jeden über'n Haufen
wenn im Turnier die Recken raufen,
und reiß' mich nur vom Riemen lose
für eines Fräuleins rote Rose

M

Ich bin das M, mein ist die Macht,
die im Menschen die strömende Mitte bewacht,
dass zwischen Sonne, Mond und Erde,
ein harmonisches Menschenwesen werde,
das mit Mut und mit Milde,
mit tönendem Mund,
sich dem Himmel vermähle
zu mächtigem Bund

Ich bin das M, in meiner Kammer,
da schmiede ich den Wunderhammer,
der hämmert machtvoll, hämmert stumm
und hämmert manches Mal Plum-bum,
und milde schimmert sein Metall
und macht den Menschen und das All

Ich bin das M, ich werde kommen
vom Meer hinauf den Strom geschwommen
an einem warmen Sommermorgen
in meiner Muschel stumm verborgen
und stimme Menschen wieder fromm,
wenn sie mich rufen: Komm, komm komm !

N

Ich bin das N, ich sage : Nein !
willst Du mich umschlingen, mir nahe sein.
Ich bin vornehm und nüchtern,
bin gerne am Rand
und betrachte die Welt distanziert mit Verstand.
Doch wenn ich auch ferne den Dingen bin,
erkenne ich dennoch den Nutzen und Sinn

Ich bin das N, die neue Henne,
ich bin die Schönste auf der Tenne.
Die Hähne sind nach mir entbrannt
und schon voll Wonne nachgerannt,
und ist ein Hahnenmann von Sinnen,
kann ihm ein Huhn nur schwer entrinnen

Ich bin das N, ich nenne Dich
beim Namen und erkenne Dich,
nichts auf der Welt kann mich verbrennen
und keine Not mich von Dir trennen,
denn nur das Dünn-Sein ist mir Nahrung
und nur die Sinne Offenbarung

NG

Es war einmal ein Ungetüm,
das hatte wild und ungestüm
mit seinen sieben langen Zungen
vor Hunger einen Krebs verschlungen

Dem Krebs im dunkelen Gefängnis,
dem wurde Angst in der Bedrängnis,
und er fing völlig unbefangen
zu zwingen an mit seinen Zangen

Da wurde es dem Ungeheuer
so langsam nicht mehr recht geheuer,
denn unser Ungetüm, das bange,
war keine Nibelungenschlange

Und sie verspürte starkes Drängen,
den Krebs aus ihrem Leib zwängen
und sie begann sich zu verengen
und ihn mit Schwung herauszusprengen

Das Krebslein machte einen Sprung
und schwang sich aus Gestank und Dung,
und Gott sei Dank hat's noch gelacht
und flink sich aus dem Staub gemacht

H

Ich bin das H, aus Himmelshöhen,
weh' ich hurtig herab, die Erde zu sehen.
Über Haus und Hof
halt' ich schützend die Hand,
helfe heiter mit Hoffnung,
mit Herz und Verstand,
und des nachts da bin ich der Hirte der Schafe
und hüte die Herde im heiligen Schlafe

Ich bin das H, der kühne Hahn,
der Hühner Herr und hoher Ahn,
ich herrsche über hundert Hennen,
die hin und her im Hofe rennen,
und hüpf' auf jede, die ich mag
und halte Hochzeit jeden Tag

Ich bin das H, der scheue Häher,
des Waldes Hüter und sein Späher,
ich halte hoch am Himmel wacht,
hab' heimlich auf den Habicht acht
und huste heiser vor Entsetzen,
wenn durch das Holz die Hunde hetzen

S

Ich bin das S, der Fisch mit Flossen,
ich komme durch den Fluss geschossen.
Ich lasse mich nur ungern fassen,
und wenn mich nasse Wassermassen
an meinen Flossenfüßen reißen,
dann pass gut auf: ich kann auch beißen !

Ich bin das S, mit sanftem Sausen
siehst Du mein Silbersegel brausen,
nach Sansibar, zum Südseestrand,
nach Soest, ins süße Sauerland,
und so im Sommersonnenkleide
da glänze ich wie Samt und Seide

Sch

Ich bin das Sch, Du kannst mir lauschen
in schäumender Gischt, im Muschelrauschen.
Ich schaukle im Sturmwind
das schwankende Schiff,
dass rasch es umströme das schreckliche Riff,
und in schwindelnde Höhen
auf Schlosses Zinnen,
schweb' ich empor auf Schwalbenschwingen

CH

Ich bin das CH, wenn ich erst fauche
und über Fachwerkdächer krauche,
mich in den Kachelofen mache
und tüchtig meinen Rauch entfache

Mit meiner Fuchtel Kohlen stauche
und frech in seinen Rachen hauche,
gemächlich seinen Bauch durchkrieche
und lächelnd schon den Kuchen rieche

Geschwind nach allen Seiten hechle
und kichernd den Geruch entfächle,
in Schächte und in Löcher tauche
und sachte dort mein Pfeifchen schmauche

Dann geb nur acht und halte wacht,
ich bleibe dort die ganze Nacht

J

Ich bin das J, ich juble : Ja !
zum neuen Jahr im Januar,
und ist im Juni Johannizeit,
da jauchze ich freudig im Jungfernkleid,
ich bin der Juwel, der die Jugend beschwingt,
der den Jammer verjagt und das Alter verjüngt

X (CHS)

Ich bin das X, der Klettermaxe,
ich bin den ganzen Tag auf Achse,
mag's gern den Luchsen nachzukraxeln,
wenn mir die Haxen auch verknaxen
und hab verflixt viel Angst vor Echsen,
und dass sie mich mal fix verhexen

Z

Ich bin das Z, der Zaubermeister,
ich zügle kleine Zaubergeister,
dass sie bei Zeiten sich benehmen
und züchtig ihren Zorn bezähmen
und sie um zwölf bei Kerzenschein
sich zwingen herzlicher zu sein

Für dieses Buch
mit seinen Staben
kann der nur
recht Verständnis haben,
dem wir,
die manchmal unbekannten,
geheimnisvollen Konsonanten,
ein Teil
vom großen Rätsel sind,
mit dem das
Menschentum beginnt

Rätselecke

Ich bin das •, der •rave •u•e,
ich •lei•e lie•er in der Stu•e
und •ügle mir am •ügel•rett
mein •untge•lümtes O•er•ett
und spiele mit der •immel•ahn
und •ade mich in •aldrian

Ich bin das •, ich •lust're mich
zum •latzen auf und •uste Dich
mit meinen •rall ges•annten Li••en
ho••sschwu••diwu••s auf s•itze Kli••en
und lass Dich von der Kli••e ki••en,
dass Dir kli••kla•• die Ri••en wi••en

Ich bin das •, ich bin schon •a
mit •onner und mit •oria
und •rücke •ünen, •amm und •eich
mit meinem •icken •aumen weich
und •ränge •auerhaft •agegen
wie •er •ragoner mit •em •egen

Ich bin das ●, aus meinem ●or
da ●ritt des ●ages Lich● hervor,
das leuch●e● ●ief bis in die Nach●
und häl● selbs● in der Nach● noch wach●,
●räg● durch den ●od zur neuen Saa●
und ●u● viel●ausendmal die ●a●

Ich bin das ●, mein ●anzes ●ut,
das ist mein ●laube, meine ●lut,
wo ich mit meiner E●e ●rabe,
●edeiht so manche ●old'ne ●abe,
und ●ebe ich Dir meine ●unst
●reifst Du zu ●ott und nach der Kunst

Ich bin das ●, der star●e ●nappe,
ich ●ämpfe gern mit großer ●lappe,
wenn die ●anonen schre●●lich ●rachen
hörst Du vor Glü●● mich ●räftig lachen,
und als ein ●ampferprobter ●rieger
bin ich nach ●urzem ●ampf der Sieger

Ich bin das ●, der dra ●●e Ka ●●e,
ich ●ieg' im Stä ●●chen und ich la ●●e
und ●utsche ●ustig an dem Schnu ●●a
und ●u ●●er' an der ●eckr'en Pu ●●a,
 ●ass a ●●e meine Ba ●●as ku ●●ern
und schne ●● ein k ●eines Bäch ●ein stru ●●ern

Ich bin das ●, ich fü ●●e Dich,
mit ●eichtigkeit umhü ●●' ich Dich,
in ●aue ●üfte heb' ich Dich,
mit ●uft und ●icht be ●eb' ich Dich
und ●ass auf Deine pra ●●en Ba ●●en
Dich ●eicht und ●ocker wieder fa ●●en

Ich bin das ●, auf meiner ●eise
d ●eh' ich mich ●uhelos im K ●eise,
 ●utsch' ●auf und ●unter, ●ein und ●aus
und ●eiße mit dem ●adel aus,
doch b ●emst Du mich und b ●üllst laut :
B ●●●●●●!
g ●eif' ich nach Di ● und g ●olle :
G ●●●●● !

Ich bin das N, ich mag Dich sehr
und wenn Du möchtest immer mehr,
bin Dir Madonna und Maria,
und Deine Mutter, na na nia,
und bin Dir Muse, Magd und Amme
und meine Macht entstammt der Flamme

Ich bin das N, eh' ich beginne,
da halte ich ein wenig inne
und spanne meine Sinne an
und spinne Dich in meinen Bann,
doch willst Du mich für Dich gewinnen
mach ich mich dünn, Dir zu entrinnen

Ich bin das NN, mit aller Strenge,
da zwänge ich Dich in die Enge,
umrinne Dich, umschließe Dich
und wring' Dich aus, nicht peinlich
und bringe Dich noch auf dem Anger
vor aller Menge an den Pranger

Ich bin das •, aus •immels •allen
•örst Du mein •elles •orn ersc•allen,
doch •üpf' ich gerne auch •inab,
weil ich zur •ölle •eimweh •ab',
so •usch' ich •astig •in und •er
denn an den beiden •äng ich se•r

Ich bin das •, ich bin wie Ei•
und doch wie eine E••e heiß,
bin ein Genu•• von er•ter Kla••e,
au• einem Gu••, von großer Ma••e,
und wen mein •charfer •chu•• zerreißt,
der wird ein gleißend weißer Gei•t

Ich bin das •, das •anfte •ausen,
in Deiner •eele •ummt mein Brau•en,
ich •ehne mich nach •and und •een,
nach •ommernacht und •üßen Feen,
und •ilbern glänzt mein •eid'nes Band
und •enkt sich •egnend über's Land

Ich bin das ●●●, die ●●eue ●●necke,
Du ●●nappst nach mir, und ich er●●recke,
ich ●●leiche gern durch ●●lamm und ●●lick,
und ●●leim zu ●●labbern find' ich chic
und wün●●te mir in ●●nellen Pu●●en
ge●●wind durchs ●●neckenland zu hu●●en

Ich bin das ●● , aus dunkler Na●●t
bin i●● zu mä●●tigem Leu●●ten erwa●●t,
ein lä●●elndes kindli●●es Angesi●●t,
ruht selig in Tü●●ern aus himmlischem Li●●t,
sein wei●●er Blick su●●t Gottes Rei●●
in Mensch und Tier, in Strau●● und Tei●●

Der ●agdhund ●ammert, ●apst und ●ault,
weil ihn der ●äger nicht mehr krault
und nicht mehr ●uckt, wie ●edes ●ahr
als er noch ●ung an ●ahren war

Ich bin das ●, die ●reiheits●lamme,
bin Lu●t und ●euer und ich stamme,
tie● in die ●insternis ge●allen,
aus ●reyas ●eierlichen Hallen
und ●reue mich, wenn Ihr mich ●indet
und ●roh zum ●unken●lug entbindet

Ich bin das ●, der ●üsten●ind,
ich ●ehe ●eit, ich ●eh' gesch●ind,
●eiß meinen ●eg am allerbesten
und ●and're bis zum ●ilden ●esten,
doch ●ehe ●enn ich ●ütend bin,
dann ●erf' ich ●etternd alles hin

Ich bin das ●, die schwar●e Kat●e,
ich ●eige ●ornig meine Tat●e,
●wängt sich ein Mäuslein aus der Rit●e
dann ●uckt mein Schwan● bis in die Spit●e,
und blit●en meiner ●ähne ●acken
dann ●ögern sie nicht ●u ●upacken

Im Wald wohnt der Fu●●s,
der Da●●s und der Lu●●s,
die Ni●en und Fe●e
und manchmal die He●en

Sie pieksen und bo●en
und brüllen wie O●●sen,
verkna●en die Ha●en
und ju●en und fa●en

Und dre●●seln und hä●eln
aus giftigen E●●sen,
ein glucksend' Gemi●
und trinken es fi●

Konsonantische Lautverbindungen am Wortanfang

Während die Konsonanten mit allen Vokalen Lautfolgen eingehen, gehen sie untereinander nur bestimmte Lautfolgen ein. Es entsteht ein konsonantisches Kleid, das sich mit den Vokalen füllt und Lautlandschaften bildet. Sprechen wir z.B. das **SCH**, so erleben wir seinen schäumenden SCHtrom, den wir nur SCH-lautlich beschreiben können, da kein anderer Laut das Wesentliche des SCH wiedergeben kann. Wir können nur darauf hinweisen, wie es sich in Worte einbettet wie **SCH**IFF, **SCH**AUKEL, FI**SCH** usw. Indem der Lautsinn den Lautwillen des **SCH** erlau**sch**t, wird das Wesen des SCH nicht begrifflich erklärt, sondern lautsinnlich erfahren. Erfährt der Lautsinn das **SCHW**, so fühlt er, wie das SCH von dem Willen des W durchwogt und be**schw**ingt wird, das SCH wird **schw**anger.

In der Lautverbindung **SCHR** wird das SCH in Erregung versetzt, es bekommt **schr**eckliche **Schr**ammen und **Schr**unden.
Bei der Lautverbindung **SCHL** bringt das L den SCHtrom des SCH in eine **schl**ingernde Fortbewegung, in **Schl**ingen, **Schl**aufen und **Schl**eifen. Bedeutsam ist, dass die deutsche Sprache dem **Schl**af und **Schl**ummer diese SCHL-Bewegung einverleibt.
Das **SCHM** interessiert sich für den Mundraum des Menschen und seinen Chemismus, sein **Schm**ecken, **Schm**atzen und **Schm**ausen, es schmeichelt, schmachtet, schmilzt dahin aber lässt auch schmoren.
Das **SCHN** ist der Bildung von Nase und Zähnen zugeneigt. Es führt den schäumenden Strom des SCH mit dem N in die Gerinnung von **Schn**abel, **Schn**auze und **Schn**ute und macht den Schaum zum **Schn**ee.
Das **SP**, gesprochen SCHP, setzt das SCH unter SCHpannung und **sp**itzt es zu. Es **sp**urtet **sp**ritzig wie ein **Sp**rinter, **sp**ottet und **sp**uckt zum **Sp**aß den **Sp**eichel.
Das **SPR** **spr**ingt und ver**spr**üht sich **spr**udelnd in die **Spr**ache.

Das **ST** **st**ellt sich **st**eil auf, **st**eigt und **st**ürzt und ver**st**äubt im **St**urm.
Das **STR**, gesprochen SCHTR, hat sich mit dem R ebenso wie das SPR in eine dreifache konsonantische Lautverbindung differenziert. Es **str**eckt das ST, **str**afft den Stoff zum **str**ammen **Str**umpf und bringt die Stimme ins **Str**ömen.
Neben dem ST gehen auch das SPR, das SPL, das PFL und das PFR dreifache Lautverbindungen am Wortanfang ein. Sie sind die großen Plastiker der deutschen Sprache.

SCH

Schornsteinfeger, schwarzer Mann,
schau Dir unser'n Schornstein an.
Schwarz und schmutzig schmaucht sein Schlund,
und er schnauft gar ungesund

Schrecklich zischt es, wenn er hustet,
wenn er Schutt und Asche prustet,
schaurig stöhnt der schlaffe Schlot,
schwer geschunden und in Not

Doch bevor die Schwefelschwaden
stürzen ihn in schlimmen Schaden,
Schornsteinfeger, schlauer Mann,
schaff' uns Schwamm und Schrubber ran

Rasch gewaschen und gescheuert,
strahlt er stolz und frisch erneuert,
schleudert weder Staub noch Teer,
schade nur, ... er raucht nicht mehr

Schw

Schwellende, schwarze Schwäne
schwimmen auf schäumender See,
schwirrende, schweifende Schwalbe
schwingt sich in schwindelnde Höh'

Schwelgende, schweigende Schwäne,
zwitscherndes Schwalbenkind,
schwerelos schwebende Schwestern,
schwanger von Schaum und von Wind

Schr

Schroffe, schaurige Wellen
schrauben sich gegen den Deich,
schlagen ihm Schrammen und Schrunden,
schreiten zum letzten Streich

Schrill schallt nur noch der Möven
unbeschreiblicher Schrei,
sie rufen in schrecklicher Stunde
den Schimmelreiter herbei

Schl

Einst lebte in einem Schlosse
ein schlimmes Tyrannengeschlecht,
der König war schlampig und schludrig
und schlug seine Mägde und Knecht

Da schlich eine schlüpfrige Schlange
aus schaurigen Schluchten herbei,
das Schloss lag in Schlaf und Schlummer,
verschluckt ward des Königs Schrei

Sie schleppte den schluchzenden König
vom Schloss, des Tyrannen Heim,
und schleifte ihn schlotternd in Schlunde
aus schlabberndem Schlick und Schleim

Und schlägt es die zwölfte Stunde
des nachts im verschleierten Moor,
dann schleudern zwei schlohweiße Hände
Schlamm und Schlacke empor

Schm

Bei Schmitz' gibt's heut zum Festtagsschmaus
Geschmortes und Geschmalztes,
zum Nachtisch Kaiserschmarrn auf Schmand,
Geschmolzenes, Gesalztes

Den Gästen schmeckt's, je nach Geschmack,
sie schmunzeln froh und schmatzen,
beschmier'n mit Schmackes sich den Frack,
den Schmollmund und die Batzen

Am Schluss schminkt man sich wieder schmuck,
schmust sich verschmitzt die Händchen
und schmeichelt Schmitzens Esskultur
und schmettert noch ein Ständchen

Schn

Wenn im Schnee die Schnütchen triefen,
Schnöddernasen schnuppernd schniefen,
rote Schnäuzchen schnorchelnd schnaufen
und verschnupft und schnarrend laufen

Schniegelt sich schon das Schneeglöckchen,
schneidert schnell sein Frühlingsröckchen,
schnürt sich schön, uns zu gefallen,
weiß mit Schnörkelchen und Schnallen

65

Spl

Spleißt Dein Haar ein feiner Riss
nennt das der Fachmann einen Spliss,
doch rennst Du splitternackt durch Wien
nennt das der Fachmann einen Spleen

Sp

Im Spessart steht ein altes Schloss,
da spuken die Gespenster,
sie späh'n gespannt vom Speicherturm
durch Spalten und durch Fenster

Und sprengt vor's Tor ein Reitersmann
mit Speer und spitzen Sporen,
dann spucken sie ihm auf den Kopf
und spicken ihm die Ohren

Und sind erst Spott und Spaß vorbei,
die Spöken und Sperenzchen,
dann speisen sie im Spiegelsaal
und spielen auf zum Tänzchen

St

Stufe um Stufe müssen wir steigen,
an steilen Gestaden uns standhaft zeigen,
vom Sturz noch steif und starr, aufsteh'n,
mit stockender Stimme stolz weitergeh'n

Und noch auf Stecken und Stab gestützt,
erkennen, wie jede Stunde uns nützt
und still verstehen und staunend sehen,
wie sterbend in uns die Sterne aufgehen

Str

Durch Strauch und Gestrüpp gestolpert,
durch strenge Strafen verschreckt,
die Strümpfe zu Streifen verschlissen,
auf Streu und auf Stroh ausgestreckt

Gestrandet auf staubiger Straße,
mit Streichen und Striemen vom Streit.
Ein Stromer, ein Strolch und ein Streuner
verstrickt in die Strudel der Zeit

Das SCH geht mit dem W, R, L, M, N, P, PL, PR, T und TR konsonantische Lautverbindungen am Wortanfang ein. Es ist ein gewaltiger Urlaut, der Laut der Schöpfung und der Sprache. Die anderen Konsonanten sind im Umgang mit ihresgleichen weniger vielfältig. Das B geht nur mit dem L und dem R eine Lautfolge ein. Folgt dem B das L so ist das lautsinnlich eine Lockerung und Lösung aus dem Bergenden, Behütenden, ebenso wie später dargestellt, bei der Lautverbindung lb das L wieder leicht und lebendig in seinen Bau zurück läuft. Das **BL** belebt das **Bl**ut und die **bl**ühenden **Bl**ume. Es **bl**endet im **Bl**itz und es ver**bl**asst im Er**bl**inden, im Er**bl**eichen und der **Bl**öße. Hier erkennen wir das Wesenhafte des Wortes, das uns erst durch alle Gliedmaßen seines Leibes wandern lässt, um sich zu offenbaren. Blühend und bleich beginnen beide mit BL, werden aber durch die folgenden Laute unterschiedlich gestimmt. Verbindet sich das B mit dem R **br**echen die Begrenzungen auf und kommen in Erregung. Es **br**üllt und **br**aust, **br**andet, **br**odelt und **br**ennt.

Das DR **dr**ückt von **dr**oben nach **dr**unten, von **dr**innen nach **dr**außen und umgekehrt, der **dr**eiste **Dr**ache **dr**ischt **dr**ohend mit Schwanz. Die Lautverbindungen des F sind das FL und das FR. Das FL durchflutet, das lf durchluftet. Das FL **fl**iegt **fl**ott über Felder und Flure, **fl**attert mit **fl**inken **Fl**ügeln durch die Luft und **fl**itzt wie die **Fl**under im **Fl**uss. Dem Lautsinn erschließt sich die Lautfolge FL z.B. des Flügels als Verbindung des Fliegenden mit dem Wellenden, wobei das F dominant ist und das L das F färbt, bzw. das F aus dem Fliegenden in das **L**-Element übergeht. Dagegen wird die Luft zuerst vom L dominiert und durch das kurze U zum Wortende geführt, wo es vom ft geliftet wird. Damit betont es zuerst das Wallende L-hafte der Luft und dann erst das F-haft Fliegende. Geht man in dieser lauschenden Weise mit dem Wort um, so erschließt sich das Wort in imaginativ-inspirativer Art. Nun umfasst das Wortkleid LUFT nicht das weit größere Wesen der Luft, jedoch ist es seine bedeutsamste Art, sich in der deutschen Sprache in das Erleben und die Erfahrung der Menschen lautbildhaft einzuprägen.

Das FR macht das F innerlich regsam. Es schafft die **Fr**eude und den **Fr**ieden aber auch das **Fr**emde und den **Fr**ust. Es macht **fr**oh und **fr**ei aber auch **fr**ech. Dabei sind die Gegensätze der Begriffe im Lautlichen keine Gegensätze sondern Sinneserfahrungen. Verbindet sich das G mit dem L, geht alles **gl**ücklich und **gl**att in Glanz und Gloria Nicht so glatt gelingt die Geburt beim GR. Hier führt der Weg durch **gr**ollende Grüfte und über **gr**euliche **Gr**ate. Schließt sich das N dem G an, nimmt es sich einen Augenblick zurück und besinnt sich.

Bl

Blitzend bläht der Sturm die Segel,
bläst die Bäume blank und bloß,
bis die bleichen Blätter fallen
blass und blind zum Erdenschoss

Doch im Inn'ren blühen Bilder,
blau und gelb und rot wie Blut,
und das Auge blickt geblendet
in der Blumen Blütenflut

Br

Brüllende, brausende Brandung
bricht sich am berstenden Riff,
brennende Brunnen des Meeres
verbrühen das bebende Schiff

Poseidons Brüder und Bräute
breiten die Arme weit,
sie brauen aus brünstigen Brüsten
ihr brodelndes Hochzeitskleid

Fl

Wieder feiern weiße Flocken
flimmernd ihre Hochzeitsnacht,
fliegen durch die Flitterwochen,
flirren durch des Winters Pracht

Vögel flattern auf vom Flusse,
finden Zuflucht hoch im Baum,
und die Entenkinder fliehen
in der Mutter Flausch und Flaum

In den Fenstern flackern Kerzen,
in dem Herd entflammt die Glut,
und auf Flügeln naht den Herzen,
weihnachtshelle Lichterflut

Fr

Frühling zieht mit frohen Liedern
frisch und fromm durch's weite Feld,
Winter's Frost ist längst vorüber,
Freude atmet durch die Welt

Freunde, fasst Euch an die Hände,
freier Geist zieht in uns ein,
Friede will auch für das Fremde
in den Herzen fruchtbar sein

Dr

Drunten, aus dem Reich der Drusen
tief gedrängt in dunkle Nacht,
dröhnt es dumpf und dringt nach droben,
horch, der Drache ist erwacht

Von Druidenhand gedrosselt
und gedrückt in Dreck und Dung
drischt er drohend mit dem Schweife,
duckt sich drall und dreist zum Sprung

Gl

Wieder erklingen die Glocken
glücklicher, gnädiger Zeit,
glorreiche Ritter des Grales
glätten die Wogen der Zeit

Wieder glimmt auf und leuchtet
Galahads goldenes Pferd,
Parzivals glänzende Rüstung,
Lancelots gleißendes Schwert

Glorreiche Ritter des Grales,
glitzernden Sternen gleich,
glühende Hüter des Glaubens
begleiten in Artus' Reich

Gr

Grimmig grollt es im Gebirge,
aus Granit, Granat und Gneis,
wo auf Urgesteines Gründen
greulich schnarcht ein grober Greis

Grässlich grollt es aus den Grüften,
gurgelt auf vom Meeresgrund,
aus den Grotten und den Klüften
grinst Medusas graus'ger Schlund

Doch auf Gräbern und Gerippen,
geronnenem Gorgonenblut,
da gedeiht auf grauen Klippen
grünes Gras zu Gottes Gruß.

Gn

Gnade, so flehte der Gnom aus dem Gneis,
schon wieder ein Gnostiker, der alles weiß

Kl

Es klappert und klirrt in den Klüften
und klar wird in Tiefen die Sicht,
Kobolde klimmen und klettern
durch klaffende Klippen zum Licht

Sie klopfen die klobigen Klötze,
die Klumpen von Gold klitzeklein
und klauben sich klimpernde Klunker
aus klingendem Edelstein

Kn

Horch, was in den Knospen knistert,
wie es knackt und knarrt im Wald,
wie es knirscht und leise flüstert,
knöttert, knattert, knorzt und knallt

Autsch, was kneift mich an den Knöcheln,
knautscht und knittert mein Kostüm,
knufft mit Knuten mich und Knüppeln,
knurrt ums Knie mir ungestüm

O, da seh' ich Knirpse trollen
knorrig kurze Knäbelein
die in dicke Knusperknollen
knabbern kleine Kämmerlein

Kr

Es stand ein einsamer Krieger
am Kreuz in kristallener Nacht
und hörte die kraftvollen Worte
des Christus : Es ist vollbracht !

Er sah die Krone aus Dornen,
auf dem umkränzten Haupt
und krallte die Hand fest am Griffe
des Kruges mit bitterem Kraut

Und er sah zwischen Kröten und Kraken,
zwischen Krankheit und Kratern von Krieg
ein lächelndes Kind in der Krippe
und wusste, der Christ hat gesiegt

Kw

Beim Telequiz auf Quelle 3
steigt heut' die Einschaltquote,
und dem gequälten Publikum
wird Quatsch mit Quark geboten

Quizmaster Chris vom Telequiz
ist eine Quasselstrippe,
er querkt Bequemes im Quadrat,
verquetscht sich Mund und Lippe

Den Kandidaten qualmt der Kopf,
verquirlt sich Darm und Magen,
das Publikum, jedoch es quietscht
und quiekt vor Wohlbehagen

Das K geht vier Lautverbindungen ein, zum Kl, zum KR, zum KN und mit dem W zum KW, dem QU. Das K ist der Eindruck, der Verbundenes zerstückelt, und die einzelnen Teile zu ihrem eigenem Ausdruck erweckt.

Verbindet sich das K mit dem L, so kommt das Einzelne nicht ruckartig, sondern langsam zu einem lebendigen Ausdruck, es **kl**ärt sich. So wie man eine Türe nur allmählich öffnen kann, weil sie **kl**emmt, mit **Kl**eister verklumpt und ver**kl**ittert, wie der Bergsteiger in **kl**affende **Kl**üfte **kl**ettert und **kl**immt, mit **kl**ammen Händen an den **Kl**ippen **kl**ammert und mit ihnen ver**kl**ebt, so deutet das L auf die lebensätherische Substanz des klingenden, klirrenden, klimpernden Klanges, z.B. der Klarinette, dem Klavier und der Klampfe, das im langsamen **L**ösen aus der **Kl**ammerung zu **kl**ingen beginnt.

Wird das K zum KR, so kommt ein Eindruck **kr**äftig zum Ausdruck. Es ist jedoch nicht so klanghaft wie das Kl, sondern muss sich erst heraus**kr**istallisieren.

Das KN (**Kn**ospe, **Kn**olle) nimmt sich zurück, es ver**kn**appt sich da, wo sich das KW (QU) ausdrucksvoll weitet.

Bei den Lautfolgen des P mit dem L, dem R und dem F, als PL, PR und PF, gelangt das P unter Spannung, die sich mit dem L löst und ins **Pl**audern kommt, mit dem R regsamer wird und zu **pr**eschen beginnt und mit dem F ins Hü**pf**en kommt. Das PF kommt am Wortanfang, in der Mitte und am Wortende vor.

Eine interessante Lautverbindung ist das PFL und das PFR. Beim PFL wird die Verflüchtigung des PF wieder in ein Lebendiges eingebunden (**Pfl**ege, **Pfl**icht).

Die konsonantischen Lautverbindungen des T sind das TR am Wortanfang und das TZ innerhalb und am Schluss des Wortes. Beim TR wird das lichthaft zerstäubende T durch das R rhythmisiert und zu längeren Erscheinen, einem Rollen durch die Zeit angeregt. Das TZ ist durchzuckt von bli**tz**artiger Hi**tz**e und plö**tz**lichem Spri**tz**en.

Die letzte konsonantische Lautverbindung ist die des Z mit dem W zum ZW. Die Kürze des Z wird vom stimmhaften W durchwogt. Die Konsonanten, die sich am Wortanfang, in der Wortmitte oder am Wortende verbinden und dem Wort ihre Lautstimmung einprägen, nehmen auch gerne Vokale in ihre Mitte, um sich mit ihnen zu färben. So sind der Ball, das Beil und der Bulle von der BL Stimmung getragen, dem Herauslaufen aus dem Bergenden, anders der Leib, das Laub und das Leben von der lb Stimmung, dem Einverleiben.

Pf

Klopft aus hohem Wolkentopf,
Dir ein Tropfen auf den Kopf,
der Dir durch die Zöpfe hüpft
und bis in die Strümpfe schlüpft,
gleicht Dein Schopf schnell einer Pfütze,
hast Du keine Zipfelmütze

Stapfst Du pfeifend auf zu Gipfeln,
pflückst Dir Zapfen von den Wipfeln
oder stampfst in dumpfen Sümpfen
zugeknüpft bis zu den Stümpfen,
können warme Zipfelmützen
wirksam vor Erschöpfung schützen

Denn oft zwingt ein kleiner Schnupfen,
Dich die Nase zu betupfen,
schimpfend Zäpfchen oder Tropfen,
Dir in Darm und Mund zu stopfen,
und mit Hopfen und mit Dämpfen
die Erkältung zu bekämpfen.
Wir empfehlen, weil sie nützen,
pfleglich warme Zipfelmützen

Pfl

Des Gärtners Freud' heißt Pflanzen pflegen,
die Pflöcke stecken, Pflaster legen,
und wenn ihm diese Pflichten glücken
kann er im Sommer Pflaumen pflücken

PL

Im Stadt-Cafe am Plöner Platz
bei Plundern und bei Plätzchen,
parliert auf feinem Plüsch-Plumeau
der Club der Plaudertäschchen

Sie plauschen Platt mit viel Plaisier
und plagen ihre Zungen
und plustern sich wie Pfauen auf
und plappern ungezwungen

Bis plötzlich grad' am Pflaumenkuchen
platzt explosiv die Bombe
und plopp, da plumpst auf's Plüschplumeau
ein Kern .... und eine Plombe

Pr

Suchst Du Prinz, Deine Prinzessin
musst Du die Prüfung bestehen,
durch prickelnde Proben des Lebens
und prasselnde Feuer zu gehen.
Denn prachtvoll kommt zum Hochzeitsfest
nur, den das Leben prägt und presst

Tr

Trage Dein Licht durch die Trauer
und Trugbilder unserer Zeit,
trockne die Tränen der Trübsal,
und tröste die Herzen voll Leid

Trau Deinen edelsten Träumen,
und trete getreu für sie ein,
trotze dem Trubel und Treiben
und trachte voll Stille zu sein

Und horch auf des Engels Trompeten
und Trommeln zum Abendmahle,
betrete die Treppe zum Throne
und trink aus der heiligen Schale

Wr

Der Wasserwirbel wringt das Wrack
und ausgewrungen macht es - knack !

Zw

Im Wald zwischen Bäumen und Zweigen,
zwischen zwitschernden Vögeln im Nest,
da tanzen zwölf Zwerge im Reigen
mit zwinkernden Äuglein ein Fest

Doch störst Du den Zwergenzauber,
sie zwängen Dich in ihr Versteck
und zwicken die zuckenden Glieder
und zwingen Dich zu ihrem Zweck

Verzwirbeln den Bart Dir zum Zwirne
und zwacken und zwiebeln mit List
und stürzen Dich schier in Verzweiflung,
in Zwiespalt, in Zwang und in Zwist

Wir Laute, wir wandern
gerne mit Andern.
Mal vor, mal dahinter,
so springen wir schnell,
das R hinters B, das F vor das L ,
und Ihr müsst uns lauschen,
wenn wir uns tauschen

Wird das Wetter ●●●ülstig ●●●ül,
●●●●itzt das ●●●● ein und hätt's gern kühl,
●●●●indelig wird ihm und heiß,
auf der ●●●●arte ●●●●illt der ●●●●eiß,
und das ●●●●ein ●●●●ankt
●●●●ach und ●●●●er
und sein ●●●●änzchen ●●●●ingt nicht mehr

Der Wald ●●●●at ist schwer zu be ●●●●eiben
weil man ihn be ●●●●änkt nur entdeckt,
doch hat er mit ●●●●illen ●●●●eien
schon ●●●●ebergärtner er ●●●●eckt

Er gilt als ver●●●●oben und ●●●●ullig,
mit ●●●●undigem ●●●●umpelgesicht
und ●●●●appt er erst ●●●●äg
auf der ●●●●ammel,
Du hörst seine ●●●●itte nicht!

Ich ＿＿emme und ＿＿ecke
und bleibe doch ＿＿ank,
bin ＿＿ottrig und ＿＿app
doch niemals ＿＿imm krank.
Ich ＿＿ieße den ＿＿und,
doch ＿＿ürf ' ich dabei
und ＿＿euse den ＿＿eppkahn
im ＿＿af durch die ＿＿ei

Ich ＿＿achte nach Dir
und ＿＿elze dahin,
doch Du lässt mich ＿＿oren
mein ＿＿etterling,
kein ＿＿eicheln, kein ＿＿usen
kein ＿＿atzer, o ＿＿erz,
warum nur, mein ＿＿uckstück,
ver＿＿ähst Du mein Herz ?

83

●●●●ipp, ●●●●app ●●●●eider,
●●●●eid' mir neue Kleider,
mit ●●●●uckeligen ●●●●allen,
die meinem Schatz gefallen

●●●●eider, ●●●●eider, ●●●●ipp und
●●●●app,
●●●●eid' mir nicht den ●●●●urrbart ab,
●●●●eid're nur die Kleider,
●●●●ipp, ●●●●app ●●●●eider

●●achelige ●●achelschweine
●●echen selten von alleine,
er●● wenn man es ●●ändig reizt,
das ●●achelschwein die ●●acheln spreizt

●●achelige ●●achelschweine
●●eigen selb●● auf ●●olper●●eine,
weil ihr ●●raffes ●●achelkleid
sie vor schweren ●●ürzen feit

●●achelige ●●achelschweine ●●recken ●●olz
die ●●rammen Beine,
bis die ●●arren ●●achelspitzen
●●rahlend in der Sonne blitzen

Ein ●●●ahlen ●●●eichelt still das Land,
●●●eift über Stein und ●●●auch und
●●●and,
●●●eckt sich wie eine ●●●aße weit
und ●●●eut sein Licht im ●●●om der Zeit

Ein ●●äschen ●●inzelte ins Licht
und ●●ubberte : lang ●●eib ich nicht !
Und ●●ies sich auf, dass es ver●●üffte
und ●●inkte ●●itzend durch die Lüfte

Durch die E●●e schwamm die Mi●●e,
doch sprach se●●st nicht eine S●●be,
von der Schwa●●e aufgespürt,
wäre sie sofort ha●●iert

●●aust der ●●and im Ofen rot,
●●ennt und backt er ●●aunes ●●ot,
●●ötchen, ●●ezeln, Ochsen●●ust
●●ät und ●●utzelt er mit Lust,
und er ●●aut auch ohne Mühe
noch zum ●●aten ●●aune ●●ühe

Ba●●ara, mein Wi●●elwind,
hör' mein We●●en, liebes Kind,
ach ich ste●●e und verde●●e
wenn ich nur noch Kö●●e e●●e

Jeden ●●eitag in der ●●üh',
●●isst der ●●osch sein ●●oschmenu,
Flöhe ●●isch und ●●ikassiert,
tiefge●●oren und ●●ittiert,
und die ●●osch●●au flüstert ●●oh -
●●uchtig, ●●uchtig, so ein Floh

Durch ●●andern ●●ießt ein ●●inker ●●uss,
der ●●immert so wie ●●ieder,
an seinen ●●uhen ●●ort der ●●achs,
und ●●öten ●●üstern Lieder

Und ●●itzt die ●●under durch die ●●ut
und ●●attert ●●ugs ein ●●ügel,
●●ießt er mit ●●eiß und fühlt sich gut
vorbei an ●●ur und Hügel

Willst Du auf dem ●●etscher schreiten,
lass' nur Deine ●●ieder ●●eiten,
weil es ●●itschig ist und ●●att,
wenn man keine ●●eitschuh hat.
●●eitest Du doch Stück für Stück,
kommst Du ●●impflich an, zum ●●ück

●●aue Maus, ver●●ab' Dich nicht,
bist Du auch nicht ●●oß,
●●üble nicht und ●●ummle nicht,
Du bist ●●andios

●●anteln, ●●ollen, ●●immig sein
sind mir ●●ad' ein ●●aus,
einem ●●ies●●am gebe ich
keinen ●●oschen aus

Es ●●ammerte wie eine ●●ette
sich an's ●●avier die ●●arinette
und ●●agte ●●einlaut : Ach, mein Leben,
an Deinem ●●ang bleib' ich wohl ●●eben

●ick-●ack, was ●abbelt da durchs ●aut,
was ●iecht und ●eucht so leise,
hat eine ●ause ●ustenhaut
und ●ingelt sich im ●eise,
●ault mit den ●allen durch den Nil
und ●atzt so wie, ein ●okodil

●ick-●ack, wer ●abbert da im Wald,
ei ●usper, ●usper, ●äuschen ?
Es ●ibbelt einen ●ust sich ab
ein ●irps vom ●usperhäuschen.
Und ●eift und ●ackt sich nicht zu ●app
auch noch den letzten ●ödel ab

Ein ●astenflosser kam im Meer
einst einer ●alle in die ●er',
und ●irlte, dass die ●asten ●almten
und sie die ●alle fast zermalmten,
und ●etschte sie mit seinen Paddeln,
ge●ält von ihren ●allen ●addeln

●●itsch-●●atsch, was ●●addert in der Früh'
mir ●●umps, auf meinen Para●●uie,
was ●●ästert hoch von der ●●atane,
●●adauz, auf meine ●●astik●●ane
und ●●ätschert mir auf mein ●●issee
wie der kom●●ette ●●attensee ?

Der ●●eußen●●inz ver●●asst sein Geld,
er ●●esst ●●ofit und ●●ahlt und ●●ellt.
Ist ●●imus stets bei der Parade,
●●escht ●●otzig auf der ●●omenade,
●●eist ●●acht und ●●unk, wo es nur geht
und ●●ügelt sich wie ein ●●olet

Hü●●t der A●●el von dem Bäumchen,
schlü●●t er gern zu einem ●●läumchen.
Klo●●t jedoch der arme Tro●●
einem ●●erdchen auf den Ko●●,
ru●●t und zu●●t das ●●erd ein ●●und
●●eilgeschwind in seinen Mund

Trimm-Dich heißt der Freizeit Trend,
Trau-Dich die Devise,
jeder trampelt, trottet, rennt,
trollt durch Wald und Wiese

Heut' zum Training treffen sich,
trübe Tassen, Tröpfe,
Trödeltanten, Trauerklöße,
triste Sauertöpfe

Und getreu nach Tradition
tritt man die Pedale,
trippelt auf dem Trampolin,
trabt von Berg zu Tale

Doch trotzdem die Tränen tropfen
triumphiert der Wille,
und bei Schwäche hilft ein Trank,
Tröpfchen oder Pille

Herab von ●●etschgen●●eigen
da ●●inkert sie oft schweigend,
mit ●●icker, eine Zecke
zu ●●eifelhaftem ●●ecke,
und ●●ackt Dich ihre Zange,
dann ●●ickt und ●●ängt es lange

●●●ache, Du ●●●ingbrunn des Lichtes,
ent●●●ossen dem einigen Wort,
dein ●●●ühendes, ●●●udelndes Wesen,
●●●ngt alles ●●●öde hinfort

●●●ache, Du ●●●ießendes Leben,
●●●eite die Schwingen weit,
dem Menschen zur Speise ver●●●ochen
Ur●●●ung und Ziel der Zeit

Konsonantenverbindungen in der Wortmitte und am Wortende

Die konsonantischen Lautverbindungen in der Mitte und am Ende des Wortes kehren sich zu denen am Wortanfang häufig um. Aus den Wortanfangslauten **BL** (- **Bl**itzend **bl**äht der Sturm die Segel -) wird die Lautfolge **lb**. Was sich beim **Bl**att, der **Bl**üte und der **Bl**ume aber auch mit einem vokalischen Zwischenlaut beim **Ba**ll und dem **Bu**llen, aus dem bergenden B mit dem L herauslöste, läuft beim **lb** wieder lebendig in das Gewö**lb**e des Se**lb**stes zurück. Die Schwa**lb**e, das Ka**lb**, die Mi**lb**e sind die Repräsentanten dieser Lautverbindung sowie das Ha**lb**e. Die letzte Lautverbindung ist besonders interessant, weil sie zeigt mit welcher „Logik" die Sprache arbeitet. Die Sprache teilt nicht ein Ganzes in zwei Hälften, sie rechnet nicht, sondern sie begrenzt lautlich, indem sie das Ganze, das All mit dem **lb** h-a**llb**iert. Verweilt das Wort vokalisch zwischen dem l und b, entstehen Worte wie - laben, Leben und Liebe, Leib und Laube. Der Lautsinn fühlt hier wie sich das Lebendige des L eine Herberge baut. Bringt das **PL** die noch "brave" Bombe mit dem P in die S**p**annung und zum **Pl**atzen und zur Ex**pl**osion, so führt das **lp** als Umkehrung das Laufende in die S**p**annung und weiter in die (Um) Stü**lp**ung. Das Laufen wird zum Ho**lp**ern und Sto**lp**ern.

Das **ld** dockt leicht an das **Da**-Sein an. Es ist wie die erste mi**ld**e Berührung des **L**ebendigen mit dem Er**d**igen, wie Wa**ld** und Fe**ld**, Ha**ld**e und Mu**ld**e und des ho**ld**en Go**ld**es, das im **ld** nach außen drängt, während sich das Si**lb**er mit dem **lb** in sich Se**lb**st abschließt.
Das **lt** ist die Lautverbindung des **L**ichtes. Das **Ich** schließt hier das **L**eben und den **T**od zusammen. So ist das A**lt**ern lautlich keineswegs das zwangsläufige Übel am Ende des Lebens sondern das lebendige Aufsteigen ins **L**icht, was lateinisch in a**lt**us - hoch, und A**lt**ar nachklingt. Auch im **L**aut, im Wa**lt**en in der We**lt**, im Ke**lt**ern und Fi**lt**ern, im Po**lt**ern und Sche**lt**en hört man das **L**aufen, das aufsteigt.
Wird **Fl** zu **lf** wird der **Fl**uss zur **L**uft, das **F**allen zum **L**aufen und der **Fl**oh zur E**lf**e. Das **L** nach dem **F** macht das Feuer zur **fl**ackernden **Fl**amme, es färbt das **L**uftige des **F** mit dem Wellenelement jedoch nicht des Wassers, wie man hier anzunehmen geneigt ist. Das Wasser ist vom **L**auter**l**eben die bewegte nasse Masse, die keine Tasse und kein Fluss fassen kann sondern fließen lassen muss.

Das **Wass**er pra**ss**elt so wie aus der **Kass**e das Geld ra**ss**elt. Lautsinnlich vermittelt das **ass** wie alle anderen **ss**-Verbindungen das Zerrei**ss**(ß)en von Ma**ss**e z.B durch den Ri**ss**, den Schu**ss**, das E**ss**en und Fre**ss**en.
Beim **lf** wird das **l** der Welle hinauf in die **Luf**t getragen, die (W)elle wird zur E**lf**e.
Bei der Lautverbindung **lg** dreht sich das **Gl** am Wortanfang um. Was beim **Gl** aus der **Gl**ocke hinaus**kl**ang und in ein **gl**ückliches **Gl**eiten kam, kommt mit dem **lg** in eine Fo**lg**e, d.h. in ein leichtes Eingraben.

Das **lk**, die Umkehrung des **Kl** ist das Laufen in das Zerstückelnde, **K**nackige. Hier ist der Übergang aus der Leichtigkeit des **L** in das kräftige **K** lautlich sehr stark. Der Fa**lk**e ist der aus der Luft Fallende und Zupackende, Scha**lk** und U**lk** die aus der Leichte und Lockerheit kommenden kernigen Kracher.
Das **lm** ist die Aufeinanderfolge der Laute, die mit einer vokalischen Füllung den Le**hm**, den Lei**m**, das La**mm** u.a. bilden. Es ist eine sehr weiche Lautfolge, die den Ha**lm** zerma**lm**t und vom Wa**lm**dach qua**lm**t. Das **L** leitet in die Stimmung des **M**.
Eine direkte Umkehrung zum **ml** kommt nur mit der Nachsilbe -ler zustande, wie Tü**mml**er, Ga**mml**er, Ra**mml**er und in der vokalischen Füllung wie **m**alen, Mehl, Mole, Muli usw.. Das **L** läuft aus dem Meer des **M** aus.
Das **lch** lebt in dem E**lch**, der leicht durch den Eichenwald stro**lch**t, es durchleu**ch**tet den Ke**lch** und erdo**lch**t den Stro**lch**.
Das **lz** schna**lz**t zur Ba**lz** den Wa**lz**er. Das **l** schnellt in die Zusammenziehung des **Z**, der Pi**lz** verho**lz**t.
Das **ps** kehrt das scharf gesprochene **sp** um. Während das Sp **sp**annt lässt das **ps** den Pu**ps** entweichen.

lb

Ich salbe mich
mit Silber ein,
ich selbst
will mein Gewölbe sein

Bl

Blitzend bläht der Sturm die Segel,
bläst die Bäume blank und bloß,
bis die bleichen Blätter fallen
blass und blind zum Erdenschoss

Doch im Inner'n blühen Bilder,
blau und gelb und rot wie Blut,
und das Auge blickt geblendet
in der Blumen Blütenflut

lp

Sieh wie in Stulpen
durch Schulpen und Tulpen
die Welpen holpern
und tollpatschig stolpern

ld

Auf Halden, in Mulden
im Felde, im Wald,
da wart' ich geduldig
ach melde Dich bald

Du bist mir nichts schuldig,
kein Geld und kein Gold,
ach schenk mir ein Bild nur
und bleibe mir hold

l t

Halt, jung und alt,
wie es schallt, wie es knallt,
wenn kalte Gewalten
geballt sich entfalten

Wie es wallt, wie es grollt,
wenn ein Kobold sich trollt
und holterdipolter
im Salto sich rollt

l f

Des nachts um zwölfe,
da laufen die Wölfe
vom Golf durch das Schilf,
zur Hilfe, zur Hilf

Ihr Sylphen und Elfen
kommt eilig zu helfen,
die Uhr schlägt schon elf,
zur Hilfe, zur Hilf

lg

Holger sprach zu seiner Olga,
komm und folge mir zur Wolga,
einmal zwischen Wolgaalgen,
mit Dir walgern, mit Dir balgen

Olga sprach zu ihrem Holger,
will Dir gern zur Wolga folgen,
ob wir pilgern, ob wir schwelgen,
erstmal hin, auf schnellen Felgen

l k

Wenn lustige Völker Hochzeit machen
und Polka tanzen, dass Balken krachen,
fällt der Kalk von der Wand,
und der Schalk zieht durchs Land

lm

Ich bin der Schelm
mit der Feder am Helm,
der auf Almen und Kulmen,
auf Palmen und Ulmen
die Halme zermalmt
und vom Walmdach qualmt,
ich bin der Schelm,
der Wilhelm aus Schwelm

lch

Hörst Du das lch
in der Milch aus dem Kelch,
in dem Mulch mit dem Molch,
in dem Strolch mit dem Dolch,
wie es schleicht wie der Elch,
hörst Du das lch ?

lz

Hinaus auf die Walz,
eine Schnulze geschnalzt,
so stelzen wir stolz
durch Pilze und Holz

Und Sülze und Schmalz
schmeckt uns mit Salz
und frisches Gemälz,
wärmt uns den Pelz

ps

Vetter Fips hat einen Schwips
und schwappt sich Schnaps auf seinen Schlips,
gibt allen Damen einen Klaps,
schnippst ihnen, schwups, an Clips und Straps.
Doch als er noch rülpst und pupst,
da wird er, hopps, hinausgeschubst

Die Lautverbindung rb, die Umkehrung des BR am Wortanfang, lässt die **brausende brüllende Brandung** wieder in den **Korb**, den bergenden Bau des B zurückrollen. Auch im **Sterben** (lat. Morbus - Tod) und im **Erbe** liegt dieser Lautsinn. Vokalisch gefüllt entsteht der Raub und die Robe. Umgekehrt wird aus Rebe die Beere.

Das rp kehrt das PR am Wortbeginn um. Das PR bringt die Spannung des P ins Rollen, das rp die Erregung des R zur Spannung. (Torpedo, Harpune)

Dreht sich das Dr in das rd, reitet das **Pferd** gegen oder durch den Widerstand der **Hürde** und der **Erde**. Wird das Tr zum rt wird der **Trab** zum Spu**rt**.

Wo das Gr sich aus der **Gruft** in die Luft hinaus**gr**äbt, verbirgt sich das rg wie der Zwe**rg** im Be**rg**e, und wo das Kr sein **Kr**ächzen hinaus**kr**eischt verha**rk**t sich das rk mit der Fo**rk**e in der Bo**rk**e.

Das rf bringt das **Rollende** ins **Fliegen**, es schä**rf**t, wü**rf**elt und spielt Ha**rf**e. Vokalisch gefüllt **rafft**, **rauft** und **ruft** es, wo das Fr freudig fährt.

Das rl rauscht ins Lebendige. Es macht Girlanden aus Perlen und den Apfelsaft zur quirligen Apfelschorle.

Das rm bildet vokalisch gestimmt den **Raum**, den **Reim** und den **Rahm**. Es führt das Regsame in die mächtige Stimmung und die Harmonie des M, es raumt im Da**rm** und stü**rm**t im Ka**rm**a. Das M-r rollt vokalisch aus der Mitte der Meere, Maare und Moore.

Das rn führt aus dem Reichtum in die Essenz, in die Verdünnung. Das Blatt wird zum Do**rn**, der Urin zum Ha**rn**, das Getreide zum Ko**rn**.

Das rsch ist vokalisch die Lautfolge des **Rasch**elns und der **rausch**enden **Rüsch**e. Dieses Lauterlebnis ist in allen Worten, die sich mit ihm bilden, hörbar. Der ha**rsch**e Schnee, der unter den Hufen des Hi**rsch**es kni**rsch**t als auch der Fo**rsch**er auf der Pi**rsch**. Das R rollt in das Huschen des Sch. In der Umkehrung, dem Schr, wird aus der verschleierten Schönheit eine **Schr**eck**schr**aube. Das schlafende SCH regt sich zum **Schr**ei.

Das rch ähnelt dem Lauterlebnis des rsch. Vokalisch gefüllt wird aus dem Rauschen das **Rauch**en. In den konsonantischen Lautfolgen rollt das r in das CH und hechelt mit ihm durch die Fu**rch**e.

Das rz **reizt** vokalisch wo das zr **zerrt**. Bei der konsonantischen Lautverbindung des rz rennt das r in die Zusammenziehung des z. So verdichtet sich z. B. das **Herz** aus den Himmelshöhen des H in das **Erz** und macht den Fu**rz** kurz.

rb

Der Herbstwind wirbelt durch reife Garben,
der Sommer erstirbt in goldenen Farben,
vergessen sind Arbeit, die Narben und Scherben,
die vollen Körbe sind köstliches Erbe

Br

Brüllende, brausende Brandung
bricht sich am berstenden Riff,
brennende Brunnen des Meeres
verbrühen das bebende Schiff

Poseidons Brüder und Bräute
breiten die Arme weit,
sie brauen aus brünstigen Brüsten
ihr brodelndes Hochzeitskleid

rp

Ein Karpfen schwamm durch die Lagune
und hatte Angst vor der Harpune,
sein Körper war ihm ach so schwer,
und jeder Knorpel schmerzte sehr

Und um den Karpfen war's geschehen,
die Harpye hat ihn gesehen,
torpedogleich kam sie geschossen,
hat froh gezirpt - und ihn genossen

rd

So wie der Parder,
das Pferd und der Marder,
wohnt auf der Erde
das Tier in der Herde

Doch erst wie mit Würde
Du trägst Deine Bürde,
lässt Dich auf Erden
zum Menschen werden

rt

Lausche dem Worte,
es klopft an die Pforte,
vor Deinem Garten
harrt es und wartet
in himmlischer Art,
kindlich und zart

Ein guter Hirte
will Dich bewirten,
das Wort ist sein Schwert,
sei seiner wert,
öffne dem Worte
hurtig die Pforte

rg

Irgendwo, nirgendwo hinter dem Berge
wohnte Schneewittchen und 7 Zwerge,
hatte sich hinter den Bergen verborgen
sorgte sich nicht um heute und morgen

Schneewittchens Stiefmutter freute sich arg,
als es erwürgt lag in einem Sarg,
nörgelte, ärgerte sich und wurde bang,
als aus der Gurgel der Apfel sprang

Und wurde selber,
das ist so verbürgt,
bevor sie verbrannte
von Schergen erwürgt

rk

Im Park unter Birken
sieht man ihn wirken,
mit seiner Forke
durch Kork und durch Borke

Wie ein Berserker
fegt er den Kerker,
harkt seine Bahn,
der starke Orkan

rf

In Nugget-City wird Gold geschürft
und je nach Bedarf auch Scharfes geschlürft,
um Scherflein gewürfelt die Theke entlang
mit Damen in Larven bei Harfenklang,
doch hast Du kein Geld mehr im Goldgräberdorf,
wirft Dich der Sheriff vom Dorf in den Torf

rl

Merlin der Zauberer lädt heut zum Tanz,
treibt mit den Irrlichtern Firlefanz,
unter den Erlen, wie herrliche Perlen
wirbeln Girlanden und quirlige Kerle

rm

Heute nacht um den Turm
stürmt Karm, der Wurm,
bis ins Gedärm
härmt uns sein Lärm,
wer wärmt uns, Erbarmen
beschirmt uns, die Armen?
Heute nacht um den Turm
schwärmt murmelnd der Wurm

rn

Das Einhorn trägt, spitz wie ein Dorn
vorn an der Stirn sein langes Horn,
dass es sich nicht entferne,
vom Gang der ew'gen Sterne

Der Mensch trägt in der Stirn sein Hirn,
spinnt sich sein eigen Garn und Zwirn
und macht die ew'gen Sterne
zu seinem Wesenskerne

rch

Durch die enge Furche
pferchen sich die Lurche,
fürchten sich, ach horch,
vor dem Klapperstorch

Eilen flink zu Noahs Arche,
lieber in der Arche schnarchen,
als sich furchtsam zwischen Morcheln
kreuz und quer hindurchzuschnorcheln

rsch

Was knirscht so harsch durch Eis und Schnee,
ein Bursche pirscht nach Hirsch und Reh !
Marschiert zum Weiher und schaut forsch
vom morschen Steg nach Barsch und Dorsch

rz

Harze und Quarze und andre Arznei
machen von schwarzen Warzen Dich frei,
und können beim Purzeln
auf knorzigen Wurzeln
und heftigen Stürzen
auch Schmerzen verkürzen

mb

Der Zauberer Lumumba
spielt Limbo heut' und Rumba
mit seiner Jumbo-Combo
in Bombay und Colombo

Und spielt auf einem Cembalo
und Gamben aus dem Rokoko,
und seine schwarze Mamba
tanzt Samba und Labamba

mp

Komm, Du lieber Hampelmann,
zeig' uns wie Du trampeln kannst,
wie Du hampeln, wie du trampeln
mit dem Wampel strampeln kannst

Doch mein lieber Lumpenkumpel,
kannst Du auch auf Stumpen humpeln
und mit Deinem leeren Humpen
Schampus aus dem Tümpel pumpen ?

mpf

Der Schlumpf stampft oft dumpf
bis zum Rumpf durch den Sumpf
und dampft durch den Kampfer
und mampft seinen Ampfer

Und verliert oft am Stumpf
im Sumpf seinen Strumpf
und schimpft wenn der Strumpf
im Sumpf auch noch schrumpft

nd

Auf wandernden Winden
behende entschwinden,
schlendern im Sand
durchs Morgenland

Von endlosen Stränden
Grüße senden,
von Wundern verkünden,
die Kinder nur finden

ng

Ich bin das NG, ich bin der Mangel,
ich fange Dich mit meiner Angel
und lasse Dich in meinen Fängen
verlungert und verhungert hängen.
Und zieh' die Schlinge eng und enger
und Deine Zunge lang und länger

nt

Es sah ein schwarzer Panther
einst einen weißen Ganter
und dachte, an dem Hintern
möcht'st Du gern überwintern

Er sprang behend und munter
geschwind vom Baum herunter,
als biss ihn die Tarantel
in seinen schwarzen Mantel

Doch sah er nicht die Finte,
den Hunter mit der Flinte
und rannte, rannte, rannte,
jedoch die Lunte brannte

Und so schläft nun der Ganter
im Mantel eines Panthers
und wärmt sich seinen Hintern
und wird gut überwintern

nk

Ich seh' ihn noch schwanken
in meinen Gedanken,
die Augen funkeln,
durchs Dunkel schunkeln

Auf wankenden Planken
mit seinen Pranken
die Flagge schwenken,
den Anker versenken

Nach backbord hinken
und Whiskey trinken
und sturzbetrunken
im Meer versinken

ns

Einsam lag die öde Insel,
Fransen, Binsen nur und Pinsel.
Nur des Sensenmannes Grinsen
und das Winseln nach Gerinnseln

nsch

Im Wasser manschen,
wie Pinscher planschen,
Mensch, noch ein Wunsch,
schnell einen Punsch!

nst

Geh' nicht ans Fenster,
es lauern Gespenster,
blicken schon finster
dort hinterm Ginster

Und nutzen im Dunst
mit Inbrunst die Gunst,
und hungrigem Wanst,
lauf, wenn Du kannst

nz

Zur Fasnacht in Mainz lädt Kaiser Franz
Prinzesschen und Prinzen zum Mummenschanz,
mit ihren Schranzen, gepanzert mit Lanzen
bei brenzligen Funzeln und Firlefanz

Ein Fest ohne Grenzen, ein einziges Glänzen
mit Heinzelmännchen mit winzigen Kränzen,
mit tanzenden Wanzen und runzligen Schwänzen
ein Blinzeln, ein Schmunzeln ein heit'res
Scharwenzeln

tsch

Es kam auf einer Kutsche
der Kutscher jäh ins Rutschen
und fitschte in die Matsche,
dass es nur pitsch-patsch platschte

Autsch, quietschte da die Fretsche,
die er beinah zerquetschte
und lutschte sich die Patschen
und klatscht ihm einen Watschen

tz

Kritze, kratze, Miezekatzen
flitzen gern auf leisen Tatzen
zu den Pfützen und den Plätzen,
wo die Spatzen hitzig schwätzen

Kritze, kratze, Miezemäuzchen
putzen sich die Zuckerschnäuzchen,
ehe sie in kurzen Sätzen
plötzlich hinter Mäusen hetzen

Kritze, kratze, Miezekätzchen
sind die allerliebsten Schätzchen,
wenn sie ihre Krallenspitzen
einziehn, und am Ofen sitzen

sp

Ein Knuspern und Raspeln,
ein Wispern und Haspeln,
ein Räuspern und Knispeln
in Knospen und Mispeln,
es lispeln die Espen:
Die Wespen, die Wespen !

st

Wer bin ich, beim Feste
der edelsten Gäste,
der Stolzesten, Besten
im Osten und Westen ?
Der Erste der Geister,
ihr ältester Meister

chz, fz

Hörst Du das Krächzen
der lechzenden Lefzen,
das Seufzen und Juchzen
das Ächzen und Schluchzen ?

cht

Ein echtes Gedicht
verdichtet das Licht,
klingt sacht und bedächtig,
recht leuchtend und prächtig,
ein echtes Gedicht,
es sucht dich, und spricht

f t

Aus Grüften und Klüften
ruft neue Kraft
zu saftigen Triften
- es ist geschafft -

Und Klafter auf Klafter
erfüllt sich mit Luft,
und heftigem,
deftigem Frühlingsduft

Die Lautfolgen des M beginnen mit **mb**. Hier verbinden sich die beiden Lippenlaute m und b zum Ru**mb**a. Was im M sich sa**mm**elt wird mit dem B **b**ehütet.

Was beim **mb** die noch in sich behütete Bo**mb**e war, wird beim **mp** an den Rand des **P**latzens gebracht. Hu**mp**a, hu**mp**a, die Tro**mp**ete, macht das **T**e**mp**o auf der Fete. Die ganze Fülle des M, seine **M**asse pu**mp**t sich e**mp**or.

Das **mpf** fliegt davon, nachdem das **mp** es emporgepu**mp**t hat und wird zum da**mpf**enden Su**mpf**.

Das **nd** ist die Ha**nd**, die das La**nd** fi**nd**et, zum Gru**nd**, an die Wa**nd**, zum E**nd**e kommt. Das **n** **n**ippt am **D**asein.

Das **nt** (kon)ze**nt**riert sich und **t**ut. Der Hu**nt**er (engl. Jäger) span**nt** die Flinte und zielt auf den Pa**nt**her.

Das **nk** verse**nk**t den A**nk**er, wo die A**n**gel noch schwi**n**gt. Es ist die Lautfolge des Hi**nk**ens und Wa**nk**ens, doch nicht hin und her, sondern des in der Tiefe Versi**nk**ens. Dreht sich das **nk** um wird daraus das **Kn**. Der **K**ern **k**racht auf und es kommt zum **Kn**all.

Das **ns** se**ns**ibilisiert. Es verdü**n**nt mit der Se**ns**e zu Bi**ns**en und Fra**ns**en.

Das **Schn** dreht sich zum **nsch** um. Der **Sch**nee wird zum Pu**nsch**.

Das **nst** lässt das Dü**n**ne zum Du**nst** und zum Gespe**nst** aufsteigen und steigert das Kö**n**nen zu Ku**nst**.

Das **nz** ist die Lautfolge der Esse**nz**, das Verdü**n**nte des N zieht sich im Z noch einmal **z**usammen. Es entstehen wi**nz**ige Ru**nz**eln, die jedoch in Verbindung mit dem gl auch glä**nz**en können.

Das **tsch** ist die Lautfolge des herausru**tsch**enden Ha**tsch**i, der kla**tsch**enden Wa**tsch**en und Pa**tsch**en und des plä**tsch**ernden Gle**tsch**ers.

Das **tz** **t**ost und **z**uckt wie der Bli**tz**, es zerfe**tz**t und verle**tz**t und kra**tz**t mit spi**tz**en Ta**tz**en zum Nu**tz**en der Ka**tz**e.

Das **sp** macht das **Sp**iel **sp**annend und lässt den **Sp**rinter **sp**ontan davon**sp**urten. Der scharfe Schuss **sp**ringt aus der Pistole und der **Sp**eer **sp**ießt den **Sp**eck auf.

Das **st** **st**ellt sich **st**eil auf und **st**emmt sich auf **St**ecken und **St**ab gestützt gegen den **St**urm.

Das **chz** le**chz**t und schlu**chz**t wo das **fz** seu**fz**t. Das **cht** entfa**cht** sa**cht** das Li**cht** in der Na**cht**. Es macht das Rau**ch**en und Fau**ch**en mit dem t tätig, wenn es fau**cht** und rau**cht** und gibt dem Ma**ch**er die Ma**cht**.

Das **ft** li**ft**et. Es führt den Du**ft** in die Lu**ft**, scha**fft** mit Sa**ft** und Kra**ft**.

Durch die E●●e schwamm die Mi●●e,
doch sprach se●●st nicht eine S●●be,
von der Schwa●●e aufgespürt,
wäre sie sofort ha●●iert

Aus den Wo●●en suchen Fa●●en
sich das Mäuschen auf dem Ba●●en,
stürzen sie jedoch in Ne●●en,
ist das echt zum Mäuseme●●ken

Die Ke●●en, die a●●en,
die wol●●en entfa●●en,
das was die We●●
zusammenhä●●

Der Li●●, der dri●●et in die Lu●●
und läu●● auch in vertie●●e Gru●●,
und schu●●et krä●●ig und o●● he●●ig
und ist wahrha●●ig sehr geschä●●ig

Hu●●a, hu●●a, die Tro●●ete
macht das Te●●o auf der Fete,
und wenn erst die Kla●●fen kli●●ern
kli●●ern schru●●elige Wi●●ern,
und der Va●●ir auf der Ra●●e
löscht nicht zi●●erlich die La●●e

Ein Tru●●● im Ka●●●e,
das ist die Kla●●●e,
weil sie mit Da●●●
die Kä●●●er entkra●●●t

Mit Schi●● und Cha●●e
Deinen Schwa●● im A●●,
bleibt selbst im Stu●●
das Herz Dir wa●●

Bei jeder E●●te wird gewa●●t,
dass ge●● der Fa●● als Ko●● sich ta●●t,
sodass schon vor der E●●te
man ihn mit Ke●● entfe●●te

Das Sti●●tier und sein Freund, der Sku●●,
die pi●●elten auf eine Ba●●,
dass noch die E●●el schwa●●ten
und am Gesta●● erkra●●ten.
Und als die Sonne war versu●●en,
hat's selbst im Du●●eln noch gestu●●en

Was macht die Ha●● ?
Sie fi●●et die Wa●●,
die Ba●●e, den Ra●●,
das E●●e vom La●●

U●● we●●et und ru●●et,
was sie erku●●et,
verbi●●et die Schru●●en
u●● li●●ert die Wu●●en

In der Na●●t,
gib nur a●●t,
dass der Spe●●t
ni●●t erwa●●t

Weil der Spe●●t
auch mit Re●●t,
ohne Li●●t
nach Dir sti●●t

Beim Spu●● läuft man von einem O●●
zu einem and'ren O●●e fo●● ,
jedoch bevor man hu●●ig sta●●et,
verlangt die Spo●●a●● , dass man wa●●et

Du Fe●●el,
was to●●elst Du durch meine Gu●●en,
Dich werd' ich mir me●●en,
Dich ma●●igen Schu●●en,
und bin ich vom Schrecken
ein wenig ersta●●t,
jage ich Dich mit der Fo●●e zum Ma●●t

Ein Sche●● , eine Ke●●e
erleuchtet die Schwä●●e,
und hilft Dir im He●●en
den Schme●● auszume●●en

Pfiffikus-Rätsel

Ich bin das ●●● , bin auf der H●●● ,
so wie die K●●● nach einem Sp●●● ,
und mache einen S●●● zum Pl●●● ,
wo Sp●●●en halten ihren Schw●●● ,
und wenn die T●●●en kr●●●en,
schm●●● ich r●●● f●●● den B●●●en

Ich bin das ●●● , der alte ●●●el,
ich schätz' ents●●●liche Gem●●●el,
hab' schon mein M●●●gerbeil gew●●●t
und komme je●●● gleich angeh●●●t
und hab' bis heute unverl●●●t
noch jeden K●●●er, ratz, zerf●●●t

Ich bin der H●●● , ich bin der Pl●●● ,
ich bin der Räuber H●●●enpl●●● ,
ich gl●●●e Dich ganz tr●●●tzig an
und pr●●●e, dass ich r●●●en kann,
und kl●●●e rein und str●●●e
und k●●●' Dich an und m●●●e

Ich bin der Fr●●● , der Hopped●●● ,
der kl●●●ekleine Gl●●●erbl●●● ,
der lieber fl●●●t als stille s●●●t,
mit sp●●●en Schn●●●en Schl●●●e r●●●t,
und Euch verschm●●●t mit W●●●erh●●●t,
wenn Ihr schon schw●●●t und Galle spr●●●t

Ich bin das ●●● , ich bin die W●●● ,
ich p●●●e mich ganz gern mit Schm●●● ,
weil ich den Schm●●● zum Sch●●●e
und auch zum Tr●●● ben ●●●e,
doch macht mich manchmal st●●●ig :
Bin schm●●●ig ich noch p●●●ig ?

Ich bin das ●●● , die kluge ●●●e,
ich hab vom Brunnengrund gew●●●en,
weil hier ein Kl●●●er pr●●●voll f●●●elt
und durch die d●●●le T●●●e sch●●●elt,
doch willst Du meinen Kl●●●er b●●●ern,
merkst Du erst auf dem Grund mein
Fl●●●ern

Konsonantische Lautverdoppelungen

Konsonantenverdoppelungen sind Steigerungen des einzelnen Lautes. Sie steigern dessen Dynamik und sind Gegensätze der Doppelvokale, die verlangsamen. Die Vokale werden vor den Konsonantenverdoppelungen offen und kurz gesprochen, wie Latte, Wetter, Mitte, Lotto und Butter, während die Doppelvokale lang und geschlossen gesprochen werden wie Aal, leer, tief, Moor, Schuh.

Lauschen wir z.B. dem **bb**, wie es uns entgegentritt in Robbe, Krabbe, Ebbe, rubbeln, schubbeln, so vermittelt uns der Lautsinn eine sich wiederholende Berührung, das Reiben an einer Grenze, die noch behütet bleiben möchte,

Das **dd** drängt und drückt. Der Widder verheddert sich im Kuddelmuddel und muss sich herausbuddeln. Im Plattdeutschen ist das dd heute noch häufig anzutreffen.

Das **gg** greift und gräbt gründlich wie die Dogge und der Bagger. Die Egge bereitet den Boden für den Roggen.

Das **pp** steigert die Spannung des einfachen P bis zur Porösität. Die Haut wird zur Schuppe, die zappelige Ziege zur Hippe und das Pferd zum galoppierende Rappen.

Das **mm** ist der Laut der Milch. Wenn das Kind nach einer Mahlzeit ‚mm' sagt, stimmt in seinem Leibe ein warmes Summen und Brummen an und es fällt in den himmlischen Schlummer.

Das N sucht die Essenz, wo das M strömt. Es ist der Laut des Nektars, der Nahrung des Alters, an dem die Biene nippt und ihn zum Honig bereitet. Das nn verdünnt. Es ist den Sinnen und den aus Licht geronnenen Nerven zugeneigt.

Das ff bringt das Schiff in Fahrt, die Pantoffeln schluffen und Waffen werden geschliffen. Der Bauer pafft sein Pfeifchen, rafft und schafft, alles geht aus dem ff . Dabei macht sich die luftige Dynamik des **ff** offen für den Stoff, sie bringt ihn zur Hoffnung.

Wird das r zum **rr**, so kommt es zu vibrierender Erregung. Der Hund knurrt und zerrt, die Katze schnurrt, das Pferdchen scharrt, das Kind murrt. Der Pfeil surrt und schwirrt, der Mensch wird verwirrt und geht in die Irre.

Das **ss** reißt von Fesseln los, ja die Fessel ist lautlich bereits die Entfesselung. Es ist der Schlüssel zu Grenzerlebnissen, wo Geistiges Stoffliches auflöst. Es macht die Schneide zum Messer, den Kessel heiß, den Fluss zu Eis. Heiß und Eis sind vom Gesichtspunkt der Wärme polare Gegensätze.

Die Sprache hebt jedoch ihre Verwandtschaft in Bezug auf das (B)ei**ß**ende hervor, das sowohl die Kälte als auch das Feuer hat. Das **ss** schmeißt uns in Wa**ss**ermassen und prasselnde Regengü**ss**e, in den verbi**ss**enen Ha**ss** und den alles verge**ss**enden Ku**ss**.

Das **tt** rüttelt, wo das ss zerreißt. Dabei kommt es akustisch zum Rattern, Knattern, Schnattern, Flattern und Stottern. Substantiell kommt es zu einer Schüttelung und Zerschmetterung von Materie, nach deren Tod das Göttliche als rettendes Heilmittel aufersteht.

Das **kk** (ck) ist der Eindruck, der das Ganze zerstückelt und zerpflückt, um das Einzelne zu eigenem Ausdruck zu erwecken. Was physisch dabei die Hacke und die Axt tut, kann seelisch der Schreck, der Schock oder das Glück bewirken.

Das **ll** ist die Quelle, die die Sehnsucht des Menschen zum Lichte stillt und seinen Willen mit Leben erfüllt.

bb

Ein Robbenpärchen robbt an Land,
streckt sich bei Ebbe aus im Sand,
und blickt verliebt und knubbelt sich
und rubbelt sich ganz strubbelig

Ein Krabbenpaar am selben Strand,
das blubberte im tiefen Sand
und schrubbt sich seine langen Zangen
und schubbelt zärtlich sich die Wangen

Doch eine Krabbe mit der Schere
die kam den Robben in die Quere,
begann die Schwänze zu beknabbern
und sie mit Wasser zu beschlabbern

Das Robbenpaar beknibbelt sich
und bibbert schon ganz hibbelig
und sabbelt leis und wibbelich:
wie macht doch Liebe kribbelig

pp

Sieh nur, wie die Hoppelhasen
auf dem Stoppelrasen grasen,
mit den Näschen sich beschnuppern,
mit den Lippen üppig knuppern

Auf der Koppel im Galopp
springt mein Rappe, hopplahopp !
Wippt mit stolzer Kruppe
über Berges Kuppe

Und am Bach der Klapperstorch
schnappt nach Zappelfrosch und Lorch
und manch schlappe Quappe
schwappt in seine Klappe

dd

Ein Widder hatte sich verheddert,
im Zaun den schönen Bart zerschreddert,
und in dem ganzen Kuddelmuddel
auch noch sein weißes Kleid beschmuddelt

Und wie er dastand so verloddert,
zerfleddert und mit Dreck vermoddert
hat seine Frau ihn ausgebuddelt
und ihn betüddelt und geknuddelt

tt

Wie ein Gewitter
reiten zwölf Ritter,
die Feinde erzittern,
die Schilde zersplittern

Sie schütteln, verspotten
die gottlosen Rotten,
vertreiben die Ratten
und flatternden Schatten

Und streiten erbittert
und unerschüttert,
zerschmettern die Ketten,
die Mütter zu retten

gg

Graben Doggen
in dem Roggen,
gräbt der Bagger
auf dem Agger *,
suchen sie nach grauen Muggeln *,
die hier gold'ne Nuggets schmuggeln

* hochdeutsch : Acker

* seit Harry Potter bekannt.

kk

Es ziehen drei Recken
mit Hacken und Säcken
durch Dickicht und Hecken,
einen Schatz zu entdecken

Sie drücken, zerknacken
Schlacken und Wacken,
strecken aus ihre Stecken
in Lücken und Ecken

Und erblicken, entdecken
mit freudigem Schrecken,
dass versteckt in den Blöcken
Goldstücke stecken

Sie bücken sich, packen
auf Rücken und Nacken
ganz unerschrocken
verlockende Brocken

Kehren glücklich zurück
mit frohlockendem Blick,
entzückend geschmückt
mit manch goldenem Stück

ff

Es schnauft wie ein Büffel
und schnüffelt nach Trüffeln,
schlufft durch die Kartoffeln
in off'nen Pantoffeln

Es pufft und es knuffelt,
es muffelt und ruffelt,
mit süffigem Schmatzen
auf straffen Batzen

Und ich habe betroffen,
mit Bangen und Hoffen,
die Waffe ergriffen
und scharf geschliffen

II

In Lichtes Helle
eile zur Schwelle,
durch Lüfte und Wellen
zu verschollenen Quellen

Erfüllt von dem Willen,
die Liebe zu stillen
zum Heiland im All,
dem Kindlein im Stall

In himmlischen Hallen
niederzufallen,
ohne Wallen von Groll,
nur das Herz randvoll

Und Dich zu ihm zu stellen
als sein treuer Geselle
und des Leibes Hüllen
mit Leben erfüllen

mm

Mmm, wie es summt,
sich tummelt und brummt,
wie Stimmen und Grummeln
von Immen und Hummeln

Mmm, welch ein Bimmeln,
Mmm welch ein Bammeln,
wenn Lämmer und Hammeln
sich munter versammeln

Mmm, wie es schimmert,
wie es glimmt, wie es flimmert,
es kommen vier Schimmel
wie Flammen vom Himmel

nn

Auf brennenden Sonnen
hab' ich begonnen,
an Brunnen voll Wonnen,
Linnen gesponnen

Dann musst ich beginnen,
verdünnen, gerinnen,
mit gespannten Sinnen
die Erde gewinnen

rr

Pferdchen, dürr und störrisch,
scharrst wie irr und herrisch,
lass mich ohne Murren
Dein Geschirr verzurren

Willst Du starr verharren,
mich verwirren, narren,
sperr' ich Dich vor'n Karren,
dass die Sparren knarren

ss

Die Augen geschlossen,
auf Wolkenkissen
von weißen Rossen
mitgerissen

Von den heißen Küssen
der Windbraut besessen,
über Wassern und Flüssen
die Zeit vergessen

Alles losgelassen,
von Fesseln befreit,
den Schlüssel fassen
zur Ewigkeit

Hört IHR wie prächtig,
nochmal so mächtig,
wir Euch erklingen
und Euch umspringen,
wenn wir uns doppeln,
tippeln und hoppeln,
rennen und schwimmen,
Stämme erklimmen

Und wenn wir schnell,
sinnig und hell
durch Eure Hallen
schallen und wallen,
könnt Ihr erkennen,
wie wir uns nennen,
seid Ihr nicht stumm
und nicht zu dumm

Rätsel

Der Jagdhund knu●●te,
das Täubchen gu●●te,
der Pfeil, er si●●te,
der Jäger i●●te,
das Fenster kli●●te,
das Täubchen schwi●●te,
der Jäger mu●●te,
der Jagdhund knu●●te

Die Gri●●e sprach, mein letzter Wi●●e :
Ach seid doch a●●e nicht so sti●●e.
Die Welt soll ha●●en und so●● scha●●en
und uns Gese●●en wohl gefa●●en.
Es wär die Hö●●e, wär es sti●●,
da hab ich's lieber gre●●   und schri●●

N●●●e W●●●erm●●●en p●●●en
nicht ins F●●● und nicht in T●●●en,
wenn auf Straßen sie und G●●●en,
auf Terr●●●en r●●●elnd pr●●●eln

Ich bin das ●● , ich pa●●e Dich
vom Haken und zerha●●e Dich,
zerpflü●●e Dich in di●e Stü●●e,
eh' ich Dich Stü●● für Stü●● verdrü●●e

Und ste●●e Dich in meine Ba●●e,
wo ich Dich kurz und klein zerkna●●e
und jede E●e von Dir schme●●e,
und wenn sie le●●er schme●t, beschle●●e

Und ich bede●●e Dich mit Spu●●e,
eh' ich Dich ru●● zu●● schnu●● verschlu●●e,
doch ach Du Schre●●, dann bist Du weg,
mein einzig Glü●●, ein Stü●●chen Spe●●

Ich bin das ß, der Menschenfresser,
ich stoße zu mit meinem Messer
und schmeiße Dich mitsamt der Fessel
in meinen heißen Hexenkessel

Begieße Dich aus Fass und Tasse
mit süßer Soße aus Melasse,
und lasse Dich genüsslich kochen
bis sich im Wasser löst der Knochen

Dann fasse ich mir Deine Fessel,
reiß' Dich heraus aus heißem Kessel
und presse dich mit meinem Rüssel
in meine große Suppenschüssel

Und bist Du heiß, wohin ich beiß',
ess' ich geschwind ein Sahneeis,
und jeder Bissen schmeckt mir besser,
ein Gruß und Kuss vom Menschenfresser

U●●, so schnauft die Lok und pu●●,
tu●●, tu●●, tu●●, ich brauche Luft,
lieber Heizer, ra●●’ und scha●●’,
ohne Saft da werd’ ich schla●● ,
bin ich schla●● kann ich nicht schlu●●en,
ich muss pa●●en, ich muss pu●●en

Ich bin das ●● , bin in der Ka●●e
und in der Wa●●e und der Pfa●●e
und lege mich mit großer Wo●●e
in meiner To●●e in die So●●e
und re●●e durch die Regenri●●e
mit dü●●en Beinen wie die Spi●●e

Ich und das All

Ich bin das ●●● , aufr●●●t' ●●● m●●● ,
aus Himmelsl●●●t verd●●●t' ●●● m●●● ,
bring' Pfl●●●ten Dir und auch Verz●●●t,
jedoch mein St●●● vern●●●tet n●●●t,
gibt Dir Gew●●●t und ein Ges●●●t
und br●●●t in tiefe Erdensch●●●t

Ich bin das ●●● , in meinen H●●●en
hörst Du das Welten●●● ersch●●●en,
wenn ich mit pr●●●em Schw●●●e w●●●e
und mit geb●●●tem Kn●●● zerf●●●e

Doch ob ich h●●●e oder l●●●e,
wie eine pr●●●e Qu●●●e w●●●e,
so werde ich in jedem F●●●e,
selbst wenn ich kn●●●e, niemals ●●●e

Die Unschuld des Wortes

Eine heute oft anzutreffende Ansicht ist, dass die Lautsprache des Wortes mit seinem Begriff nicht mehr übereinstimmt und somit sinnlos zu sein. Der Ausgangspunkt ist der zu einer Vorstellung fixierte Begriff, den die Sprache mit ihren Lauten zu bestätigen hat. Dabei wird nicht beachtet, dass die Sprachentwicklung des Menschen sich wesenhaft vollzogen hat, d.h., ein weisheitsvoller Sprachgenius hat sich die Lautgebärden der Worte so ausgesucht, dass das Wesenhafte der Begriffe, die hinter dem Wort stehen, hindurchleuchtet. Eine geistgemäße Untersuchung muss die Frage stellen : Will nicht der Lautbestand des Wortes etwas anderes sagen als der Begriff oder seine Bedeutung erweitern ?

So ist z.B. mit dem Begriff des Wortes SAU, das auch als Schimpfwort verwendet wird, eine Vorstellung verbunden, die der Lautgestalt der Sau nicht entspricht. Lautlich erscheint sie als die sau**bere Au**e, der **Raum** aus dem die Milch **rau**scht, aus der die kleinen Ferkel **sau**gen und **sau**fen. Und gibt es eine trefflichere Beschreibung für die Ausscheidung als das Wort Arsch, wenn man das A im Atem und Anfang, das RSCH als die Lautfolge des raschen Regsamwerdens, des Raschelns und Rauschens erkennt, das uns im Lautgebilde Marsch keineswegs stört und dort zum gleichen Lauterleben führt ?

Das Wort und seine Laute sind von himmlischer Unschuld. Auch das größte Schimpfwort ist von seinem Gehalt her immer ein Lautbild, auch wenn sich der Begriff verzerrt und zu einer verunstalteten Vorstellung wird. Jedoch wird Unschuld heute leicht missbraucht und die Sprache in größtem Umfang. Aber schuldig macht sich, der missbraucht, nicht das Wort. Es wartet mit engelhafter Geduld, dass sein Opfer erkannt wird, mit dem es sich in die Hand und den Mund des Menschen begeben hat, der mit ihm in Freiheit umgehen kann. Damit lebt in dem Wort eine Fähigkeit, die der Mensch noch erwerben muss, die Verwandlung seiner auf sich selbst bezogenen Seele in die sich an die Welt hingebende Seele. Dieser im Menschen keimhaft veranlagte Teil seiner Seele erkennt sich, indem er die Sprache erkennt und wächst mit der Sprache, wenn er sie sich bewusst neu einverleibt, über sich hinaus.

Wir sind die Laute
Jung und Alt,
Wir tönen aus göttlicher Wortgewalt.
Wir können als lichte Luftgestalten
Im Menschen nur unser Wesen entfalten.
Und sind wir auch viele,
So sind wir doch Glieder
DES EINEN,
Der auf den Wolken kehrt wieder